KB248058

십 대를 위한
역사
인문학

역사 인문학

손민정·송수연·송숙영·오혜민·이고은 지음

라임

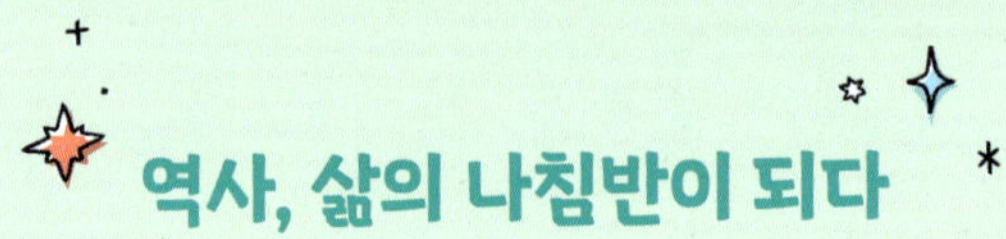

역사, 삶의 나침반이 되다

살다 보면 누구나 길을 잃은 듯한 순간을 마주합니다. 수많은 선택지 앞에서 어느 쪽으로 가야 할지 몰라 망설이고, 또 내가 내린 결정이 과연 옳은 것인지 확신하지 못할 때가 있지요.

이럴 때 저희는 '역사'라는 나침반을 건네고 싶습니다. 역사라고 하면 복잡한 연도와 낯선 이름들, 암기해야 할 사건들이 먼저 떠오를지도 모르겠습니다. 하지만 그 딱딱한 지식의 껍데기를 한 꺼풀 걷어 내고 나면, 그 안에는 우리와 똑같은 감정을 느끼고 고민했던 사람들의 생생한 이야기가 숨 쉬고 있거든요.

하루가 다르게 과학 기술이 새로워지고 가치의 기준이 바뀌지만, 수천 년의 세월이 흘러도 결코 변하지 않는 것들이 있습니다. 그것은 바로 올곧은 마음과 불의에 맞서는 용기, 시대를 관통하는 지혜입니다. 이런 가치들은 오늘을 사는 우리를 조용히 멈춰 세우고 스스로를 돌아보게 합니다. 그리고 나아갈 길을 비춰 주기도 하지요.

《십 대를 위한 역사 인문학》은 불꽃처럼 치열한 삶을 살았던 열여섯 명의 역사 인물을 조명합니다. 책의 제목처럼 역사적 사실을 단순히 나열하는 것이 아니라 그들의 삶을 통해 '나는 누구인가', '어떻게 살 것인가'와 같은 인문학적 질문을 던지고 있습니다.

이를 위해 그들의 삶 전체를 연대기처럼 훑어보는 대신, 중요한 갈림길에 섰던 그 '선택의 순간'에 초점을 맞추었습니다. 한 인물이 어떤 시대적 배경 속에서, 어떤 가치관으로 그 결정에 다다랐는지, 그리고 그 선택이 개인의 삶뿐 아니라 역사의 흐름에 어떤 파장을 일으켰는지 이야기의 줄기를 따라가다 보면, 어느새 시공간을 넘어 그들의 내면 깊숙이 들어가게 될 것입니다. 그러다 놀랍게도 그들의 고민이 오늘날 우리의 고민과 크게 다르지 않다는 것을 발견하게 되지요.

부디 이 책이 여러분에게 지루한 역사 공부가 아니라, 과거 인물들의 삶을 통해 오늘의 나를 더 깊이 이해하고, 내일의 나를 더 단단하게 만들어 가는 시간이 되었으면 좋겠습니다.

그들의 성공과 실패, 기쁨과 좌절이 여러분의 선택에 작은 빛이 되기를 바랍니다. 역사가 여러분의 삶에 길을 밝혀 주는 든든한 나침반이 되기를, 그래서 어떤 폭풍우 속에서도 방향을 잃지 않고 앞으로 나아갈 수 있기를 진심으로 기원합니다.

2025년 8월

손민정, 송수연, 송숙영, 오혜민, 이고은

1. 개혁 정신으로 새 시대를 열다, 리더십의 길

2. 백성이 먼저인 세상으로 이끌다, 통찰의 빛

3. 국권 회복을 위해 삶을 바치다, 신념의 불꽃

4. 더 나은 사회로 발돋움하다, 저항의 목소리

[1]

개혁 정신으로
새 시대를 열다

리더십의 길

강력한 의지로
삼국 통일의 서막을 연

좋은 일과 나쁜 일은
하늘이 정하는 것이 아닙니다.
사람이 만들어 가는 것입니다.

《중학교 역사 2》 9. 통일 신라와 발해의 발전 | 《고등학교 한국사 1》 1. 근대 이전 한국사의 이해

김유신 초상

　　신라의 수도 경주, 도성 안으로 병사들이 줄지어 들어왔습니다. 핏자국이 엉겨 붙은 데다 먼지와 진흙이 섞인 채 곳곳이 찢어진 옷은 치열했던 전투의 흔적을 그대로 간직하고 있었습니다. 병사들은 제대로 먹지 못해 뺨이 움푹 들어갔고, 입술이 갈라졌으며, 피로에 잔뜩 찌들어 있었어요.

　　그러나 눈빛만은 달랐습니다. 승리에 대한 자부심과 굳건한 결의로 가득했거든요. 이들은 바로 김유신 장군이 이끄는 신라군이었습니다.

통일 영웅의 리더십

　　644년 9월, 김유신은 쉰 살의 나이로 대장군이 되어 가혜성과 성열성 등 일곱 개의 성을 점령하며 백제 원정을 성공적으로 이끌었습니다. 병사들은 이제야 나라에서 내려 준 음식을 배불리 먹고, 사랑하는 가족을 만날 생각에 들뜬 마음으로 마지막 힘을 다해 걸었습니다.

그런데 그때, 병사의 다급한 고함 소리가 들려왔지요.

"멈추십시오, 장군님! 당장 군사를 돌려야 합니다. 백제군이 다시 쳐들어왔습니다."

그곳은 김유신의 집과 얼마 떨어지지 않은 곳이었습니다. 저 멀리에서 장군을 맞이하기 위해 부인과 자식들, 하인들이 문밖으로 나와 기다리고 있는 모습이 보였습니다.

김유신은 말을 세운 뒤, 병사를 불러 자신의 집 우물 재매정에 가서 물을 한 그릇 떠오라고 시켰습니다. 그러고는 병사가 떠온 물을 벌컥벌컥 들이킨 다음, "우리 집 물맛은 그대로구나!" 하고는 말을 돌려 전쟁터로 곧장 돌아갔습니다. 그리운 가족과의 만남을 코앞에 두고도 망설임 없이 전쟁터로 돌아서는 김유신의 모습에 병사들은 깊이 감동했습니다.

"장군님께서도 저러시는데, 우리가 어찌 사사로운 감정에 얽매이겠는가!"

© 경주시청

병사들은 장군을 믿고 따르며 두려움 없이 전쟁터로 나아갔습니다. 신라군의 단결된 기세에 압도된 까닭인지, 백제군이 금방 후퇴했다는 이야기도 전해집니다.

김유신의 리더십은 전쟁터에서뿐만 아니라 국내의 위기 상황에서도 빛났습니다. 647년 선덕 여왕이 나라를 다스리던 시절, 왕이 여자라는 구실을 내세워 상대등 자리에 있던 비담이 반란을 일으켰습니다. 하필이면 그때 경주 월성 부근에 별똥별이 떨어졌는데요. 비담은 "왕이 패할 징조다!"라고 큰소리치며 반란군의 사기를 북돋웠지요.

그걸 보고 왕과 병사들이 불안에 떨자, 김유신이 앞으로 나서서 외쳤습니다.

"좋고 나쁜 일은 하늘이 정하는 것이 아닙니다. 바로 사람이 만들어 가는 것입니다."

그러고는 불을 붙인 인형을 연에 매달아 하늘로 날리며 소리쳤습니다.

"보십시오! 별이 다시 하늘로 올라갑니다!"

김유신의 지혜 덕분에 반란군은 무사히 진압되었습니다.

그는 크고 작은 위기가 닥칠 때마다 망설이지 않고 솔선수범하여 해결책을 제시하고 실천했습니다. 이처럼 아무리 어려운 일이 닥쳐도 인간의 의지로 극복할 수 있다는 합리적인 생각과 이를 행동으로 옮기는 용기가 바로 김유신을 삼국 통일의 영웅으로 만들었습니다.

그의 리더십은 병사들뿐만 아니라, 신라 사람들에게 깊은 신뢰와 자신감을 심어 주었습니다.

☆ 차별을 극복한 의지와 지혜

　　김유신은 가야 왕족 출신이었습니다. 증조할아버지 때 금관가야가 신라에 합쳐지면서 신라의 귀족이 되었지요. 하지만 신라 본토 귀족이 아닌 지라 이런저런 차별을 받았습니다.

　　김유신의 아버지는 신라 왕족인 만명과 사랑하는 사이였지만, 결혼을 허락받지 못했습니다. 결국 두 사람은 도망 끝에 아들을 낳았는데, 그가 바로 김유신이었습니다. 말하자면 김유신은 태어나는 순간부터 가야 출신으로서의 설움을 떠안아야 했지요. 그것이 곧 강한 의지를 심어 주는 계기가 되었답니다.

　　어느 날 김유신과 김춘추가 축국을 하다가, 그만 김춘추의 옷이 찢어져 버렸습니다. 김유신은 여동생 문희에게 김춘추의 옷을 꿰매게 했는데요. 그 일로 둘 사이가 가까워졌고, 급기야 문희가 김춘추의 아이를 갖게 되었지요. 앞에서도 말했지만, 신라 왕족 김춘추와 가야 출신 문희의 결혼은 쉬운 일이 아니었습니다.

　　김유신은 혼인을 성사하기 위

김유신 동상

© 경주시청

해 꾀를 내었습니다. 집에다 나무 장작을 잔뜩 쌓은 다음, 선덕 여왕이 경주 남산에 오르는 시각에 맞춰 불을 지폈습니다. 김유신의 집에서 연기가 폴폴 피어나는 걸 본 선덕 여왕은 신하에게 불이 난 이유를 물었지요.

신하는 김유신이 결혼도 하지 않은 동생이 아이를 가져 죽이려 한다고 고했습니다. 사정을 알게 된 선덕 여왕은 가여운 마음이 들어 김춘추와 문희의 결혼을 허락해 주었습니다.

우여곡절 끝에 이루어진 두 사람의 혼인은 결과적으로 실력 있는 왕족 김춘추와 막강한 군사력을 지닌 김유신이 정치적으로 결합하는 계기가 되었습니다. 이 결합은 훗날 김춘추가 태종 무열왕으로 즉위하게 되는 기반이 되었지요. 그리고 신라가 삼국 통일을 이끌어 내는 데 강력한 원동력으로 작용했답니다.

이처럼 김유신은 신분의 한계와 차별 속에서도 주어진 상황을 지혜롭게 극복하며 스스로 가치를 증명해 나갔습니다.

✨ 통일의 꿈을 향한 헌신

태종 무열왕이 즉위한 후 김유신의 정치적 위상은 더욱더 높아졌습니다. 신라에서는 나라의 중대사를 귀족 회의에서 결정했는데, 이 귀족 회의의 우두머리인 상대등이 되어 전쟁을 주도했거든요. 특히 660년에 백제와의 운명을 건 황산벌에서의 전투를 직접 지휘했는데요.

죽기 살기로 싸우는 백제 결사대와의 전투는 결코 쉽지가 않았습니다.

태종 무열왕의 작전 회의

연거푸 패하게 되자, 신라군의 사기가 바닥으로 뚝 떨어졌습니다. 이를 보다 못한 반굴, 관창과 같은 화랑들이 김유신을 찾아가 제안했습니다.

"저희가 적진에 뛰어들어 목숨을 바치겠습니다! 그렇게 해서 군사들의 사기를 높이도록 하겠습니다."

화랑 출신인 김유신은 '전쟁에 나가서는 절대로 물러서지 않는다'는 화랑도 정신을 누구보다 잘 알고 있었기에, 그들의 제안을 받아들일 수밖에 없었습니다. 화랑들의 용감한 희생으로 사기가 크게 오른 신라군은 마침내 총공격을 퍼부어 백제를 멸망시켰습니다.

그 후 661년에 무열왕의 아들 문무왕이 즉위하자, 김유신은 왕의 외삼촌으로서 신라의 핵심 인물이 되었습니다. 그는 당나라 군대와 연합하여 고구려를 정복하는 등 삼국 통일 전쟁에 큰 공을 세웠습니다.

　그러나 백제와 고구려가 멸망한 뒤에도 혼란은 계속되었습니다. 각국의 유민들이 다시 나라를 세우겠다며 부흥 운동을 벌이는 데다, 당나라 역시 한반도 전체를 차지할 야욕을 드러내며 전쟁을 일으켰습니다.

　당시 김유신은 이미 나이가 많고 병이 깊어 직접 전쟁터에 나설 수가 없었습니다. 수도 경주에 남아 전쟁터에 나간 왕을 대신해 국가의 중심을 잡았지요. 풍부한 경험과 지혜로 국내의 혼란을 수습하고, 정치적인 조언을 하며 신라의 단결을 이끌었답니다. 당나라와의 전투에서 신라군이 패배했을 때 문무왕이 가장 먼저 김유신의 의견을 구한 것만 봐도 그가 국가적 위기 상황에서 얼마나 중요한 역할을 해냈는지 알 수 있습니다.

　당나라는 두 차례나 김유신에게 넓은 땅을 주겠다고 제안하며 회유하려 들었습니다. 그러나 지배층을 분열시켜 신라를 침공하려는 당나라의 계략을 한눈에 꿰뚫고는 단칼에 거절을 했지요.

　또한 김유신의 아들 원술이 당나라와의 전투에서 패배하고 돌아오자,

"패배하고 돌아오는 것은 군인의 자세가 아니다."라며 끝내 아들을 용서하지 않았다는 이야기도 전해집니다.

김유신의 엄격한 잣대는 아들에게도 흔들림 없이 적용되어 공명정대함을 보여 주었습니다. 김유신이 다져 놓은 신라군의 단결력은 그가 죽은 뒤에도 이어져 신라가 매소성과 기벌포 전투에서 당나라군을 몰아내고 삼국 통일을 완성하는 중요한 밑거름이 되었습니다.

이처럼 김유신의 헌신과 지혜, 그리고 리더십은 신라를 수차례 위기에서 구해 냈고, 역사의 전환점마다 결정적인 역할을 했습니다. 자신에게 주어진 환경에 굴하지 않고 끊임없이 노력하여 앞으로 나아가며, 더 큰 목표를 위해 개인의 사사로운 이익을 뛰어넘는 그의 모습은 '진정한 리더란 무엇인가'에 대해 다 같이 생각해 보게 만듭니다.

▶ 산천을 벗 삼아 몸과 마음을 단련하다, 화랑도

삼국 통일 과정에서 신라 화랑들의 활약은 매우 눈부셨습니다. 화랑도는 신라의 청소년들이 몸과 마음을 함께 수련하던 조직인데요. 지도자인 국선 아래 '화랑'이라 불리는 청년 지도자와 화랑이 이끄는 '낭도'들로 구성되었습니다. 하나의 화랑에 수백 명, 많게는 천 명의 낭도가 속했지요.

이들은 정해진 기간 동안 이름난 산을 찾아다니며 심신을 단련하고 무예를 익혔습니다. 수련을 통해 우정과 단결력을 다졌고, 자부심과 애국심을 키워 나갔습니다. 바로 이런 화랑도 정신과 조직력 덕분에 신라는 삼국 통일 전쟁에서 큰 힘을 발휘할 수 있었습니다.

화랑도 정신을 대표하는 가르침으로 원광 법사가 만든 '세속오계'가 있는데요. 세속오계란 세상을 살아가며 지켜야 할 다섯 가지 계율로, 나라에 충성할 것(사군이충), 부모에게 효도할 것(사친이효), 믿음으로 친구를 사귈 것(교우이신), 전쟁에 나가서 물러서지 않을 것(임전무퇴), 함부로 생명을 죽이지 않을 것(살생유택)을 강조하고 있습니다.

화랑도는 단순히 무예를 익히는 데 그치지 않고, 공동체를 위한 책임감과 스스로를 단련하는 마음가짐을 매우 중요하게 여겼습니다.

김유신 역시 화랑 출신으로, 열다섯 살에 화랑이 되어 '용화향도'라 불리는 무리를 이끌었는데요. 낭도들과 깊은 신뢰와 유대감을 쌓으며 여러 번의 전투에서 용맹히 싸워 이름을 떨쳤습니다. 결국 진정한 리더로 성장한다는 것은 공동체에 책임감을 갖고 동료와 함께하는 것임을 화랑도를 통해 배울 수 있어요.

▶ 신라는 삼국 통일을 어떻게 이루었을까?

고구려·백제·신라가 서로 땅을 넓히기 위해 경쟁하던 시기를 '삼국 시대'라고 부릅니다. 세 나라 중 힘이 가장 약했던 신라는 살아남기 위해 부단히 노력했지요.

6세기 중반, 신라 제24대 왕 진흥왕은 백제와 연합해 고구려로부터 경제적·군사적으로 중요한 한강 유역을 빼앗았어요. 그 후 다시 백제를 공격해 한강 전역을 차지하며 중국과 직접 교류할 수 있는 기반을 마련했지요. 내부적으로는 황룡사를 건립하고 화랑도를 국가적 조직으로 개편하여 정신적 통합을 이루고 인재를 양성하는 데 힘썼답니다.

7세기 중반, 백제 의자왕의 공격으로 위기를 맞은 신라는 김춘추를 중심으로 외교에 나섰습니다. 먼저 고구려에 도움을 요청했으나 뜻을 이루지 못하고, 김춘추가 직접 당나라로 건너가 나당 연합을 성사시켰습니다. 나당 연합군은 660년과 668년 백제와 고구려를 차례로 멸망시켰습니다.

하지만 멸망한 뒤에도 두 나라 백성들의 저항은 계속되었어요. 백제와 고구려 유민들이 곳곳에서 부흥 운동을 일으켰거든요. 신라는 부흥 운동을 저지하기도 하고 포섭하기도 하면서 새로운 통치 질서를 구축해 나갔습니다.

그 후 당나라가 한반도 전체를 지배하려는 야욕을 드러내자, 신라는 고구려, 백제 유민들과 힘을 모아 맞섰어요. 그리하여 매소성과 기벌포 전투에서 당나라 군대를 격퇴하고, 마침내 676년에 삼국 통일을 이루었습니다.

이처럼 신라는 삼국 중 가장 약한 나라였지만, 위기 때마다 전략적인 외교와 끈질긴 내부 성장을 통해 삼국 통일이라는 위대한 성과를 이루어 냈습니

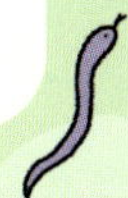

다. 처음에는 당나라와 손잡고 전쟁을 치렀지만, 나중에는 고구려, 백제 유민들과 힘을 합쳐 당나라의 야욕을 물리치고 자주적인 통일을 완성했지요.

신라의 삼국 통일은 비록 대동강 이북의 고구려 땅을 잃는 한계를 남기기는 했지만, 삼국의 다양한 문화를 하나로 아우르며 민족 문화 통합의 기반을 마련했다는 점에서 큰 의미를 지닙니다.

신라가 약소국이었음에도 불구하고 최후의 승자가 된 일은 우리에게 여러 가지 생각거리를 안겨 줍니다. 살아가다 보면 스스로가 가진 한계나 어려움 때문에 좌절감에 빠질 때가 있지요?

그럴 때 신라처럼 현실을 냉철하게 분석하고, 여러 사람들과 지혜를 모으며 끈기 있게 노력한다면, 그 어떤 어려움도 극복하고 멋진 결실을 맺을 수 있지 않을까요?

⋮ 김유신의 정보전과 오늘날의 사이버 안보

김유신 하면 어떤 모습이 생각나나요? 아마도 많은 사람이 말을 타고 적진을 누비는 용맹한 장군의 모습을 떠올릴 것입니다. 하지만 김유신은 단순히 무기를 들고 적과 싸우는 장군에 그치지 않았습니다. 그는 적의 움직임을 날카롭게 파악하고 정보를 낱낱이 수집해 적극적으로 활용한 전략가였지요.

삼국 통일이라는 거대한 목표를 이루기 위해, 눈앞의 전투만큼이나 보이지 않는 싸움에 집중했습니다. 단순히 칼과 창으로 싸우는 것만으로는 나라를 하나로 만들 수 없다는 것을 잘 알고 있었으니까요. 그래서 그는 적군의 군사 배치와 병력 규모, 보급 상황, 내부 동향까지 샅샅이 파악하려 애썼습니다.

김유신은 정보 수집에 능한 스파이를 적절히 활용했습니다. 그렇게 모은 정보를 단순히 방어하는 데만 쓰지 않았습니다. 적의 약점을 파고들어 혼란을 일으키기도 하고, 거짓 정보를 흘려서 적을 속이며 전세를 유리하게 이끌기도 했습니다.

김유신에게 정보는 전쟁의 판도를 가름할 수 있을 만큼 강력하고 결정적인 무기였던 것이지요. 칼보다 더 강하다고 할까요? 이러한 정보력이 바로 삼국 통일을 달성할 수 있었던 비결 중 하나라 할 수 있습니다.

그렇다면 오늘날은 어떨까요? 지금 우리는 모든 것이 디지털로 연결된 '정보의 바다' 속에 살고 있습니다. 은행 업무, 온라인 원격 수업, 병원 예

약, 심지어 국가의 주요 시설까지도 디지털 네트워크를 통해 이루어지고 있지요. 하지만 이렇게 편리한 디지털 세상에는 우리를 노리는 '보이지 않는 위험'이 늘 도사리고 있습니다.

예를 들어, 접속자가 갑자기 몰린 것처럼 꾸며 특정 사이트나 서버를 마비시키는 디도스 공격, 컴퓨터를 해킹하고 금전을 요구하는 랜섬웨어 같은 것이 대표적인 '사이버 위협'입니다. 실제로 해외에서는 이런 공격으로 인해 기차가 연착되거나, 석유 수송 업체의 시스템이 마비되는 일까지 벌어졌습니다.

김유신 장군이 활약하던 시대의 정보전과 현대 사회의 사이버 안보 문제는 '정보가 곧 힘'이라는 점에서 무척 닮아 있습니다. 김유신 장군이 첩보 활동을 통해 적의 의도를 미리 파악하고 철저히 대비했던 것처럼, 오늘날 디지털 공간에서 우리의 소중한 정보와 시스템을 스스로 지켜 내는 힘을 기르는 게 꼭 필요합니다.

남다른 결단력으로
국제 무역의 물꼬를 튼

청해에 진을 설치하여 신라 사람들을
잡아갈 수 없게 하여 주십시오.

《중학교 역사 2》 9. 통일 신라와 발해의 발전 | 《고등학교 한국사 1》 1. 근대 이전 한국사의 이해

　　푸른 바다가 넘실거리는 완도의 언덕 위, 한 소년이 활을 들고 서 있습니다. 친구들이 환호하며 소년을 열렬히 응원합니다. 소년은 여유로운 표정을 지으며 힘껏 활시위를 잡아당깁니다. '휙!' 경쾌한 소리와 함께 화살이 날아가 정확히 목표물을 맞춥니다.

　　소년의 이름은 '궁복', 활을 잘 쏘는 아이였습니다. 어릴 적부터 활 솜씨가 뛰어났던 궁복은 언젠가 자신의 재능을 펼칠 기회가 있을 거라고 기대하며 끈기 있게 무예를 익혔습니다. 그러나 신라의 하층민 출신인지라, 골품제라는 신분의 한계에 부딪혀 꿈을 펼칠 기회조차 얻지 못했지요.

　　골품제는 출생 신분에 따라 관직 진출과 사회 활동에 제한을 두는 신분제도인데요. 자신의 능력을 인정받고 싶었던 궁복에게 이 벽은 너무나 높았습니다. 그러나 궁복은 끝끝내 포기하지 않았습니다. 언젠가 인정받을 날이 올 것이라 믿으며, 또 다른 기회의 땅인 당나라로 떠나기로 결심했습니다.

그런데 왜 하필 당나라였을까요? 그 당시 당나라에서는 외국인이라 하더라도 공을 세우면 고위 관직에 오를 수 있는 기회가 열려 있었기 때문입니다.

궁복은 서주 일대를 다스리는 절도사가 지휘하던 무령군에 입대한 뒤 '장보고'라는 새 이름으로 활동하기 시작했습니다. 장보고라는 이름에 대해서는 여러 가지 이야기가 전하는데요. '활 궁(弓)'이 들어가 있는 한자 '베풀 장(張)'을 성으로 삼고, '복'이란 이름을 두 자로 늘려 '보고'라는 이름을 지은 것이라는 이야기도 있습니다.

그 후 장보고는 군인으로서 운명처럼 일생일대의 기회를 만나게 됩니다. 당나라는 산둥반도를 장악한 지방 세력들의 반란으로 골치가 매우 아픈 상황이었어요. 당나라 조정은 반란을 진압하라는 명령을 내렸고, 장보고가 소속된 무령군도 작전에 투입되었지요.

장보고는 타고난 용맹함과 뛰어난 전략으로 반란 세력을 빠르게 토벌하여 큰 공을 세웠습니다. 이 업적을 인정받아 천 명의 병사를 지휘할 수 있는 고위 관직(무령군 군중 소장)에 임명되었습니다.

반란 세력을 토벌한 후, 장보고는 산둥반도를 둘러보며 놀라움을 감추지 못했습니다. 그 당시 산둥반도는 발해와 신라, 일본을 연결하는 해상 교통의 요충지로, 동서양 각국의 배가 드나들던 교역의 중심지였습니다. 그만큼 다양한 국적의 상인들이 진귀한 물건을 가득 실어 와 활발하게 거래되는 곳이었어요.

이곳에서 장보고는 '무역'이라는 새로운 세계에 눈을 뜨게 됩니다. 이는 자신의 미래뿐만 아니라 고국 신라의 발전 가능성을 동시에 발견하는 중요한 순간이었지요.

그래서 무령군 군중 소장 자리를 과감히 내려놓고 무역상이 되기로 결심합니다. 새로운 세계로의 도전이었지만, 국가 간 교역이 얼마나 큰 가치를 지니고 있는지 알았기에 주저 없이 그 길로 나아갔어요.

그 후 장보고는 국제 상인들과 우호적인 관계를 쌓으며 무역 상인으로 성장해 나갔습니다.

해상 무역의 구심점이 되다

삼국 통일 후, 신라와 당나라의 관계는 잠시 좋지 않았다가 8세기경부터 다시 교류가 활발해졌습니다. 신라 사람들이 공부를 위해 당나라로 유학 가면서 사신과 상인들의 왕래도 빈번해졌습니다. 당나라에 신라 사람들의 거주지인 '신라방'이 생겨날 정도였지요. 신라 사람들은 주로 산둥지방에 모여 살았는데, 그곳이 동아시아 무역의 중심지였기 때문이에요.

장보고는 신라 사람들과 깊이 교류하며 우호 관계를 쌓은 끝에, 당나라

중국 산둥성에 있는 장보고 기념관(적산 법화원)

에 사는 신라 사람들의 지도자가 되었습니다. 지금으로 치면, 무역 협회 회장이라고 할까요?

무역으로 큰 부자가 된 장보고는 산둥 지방에 '적산 법화원'이라는 절을 지었습니다. 이곳에는 스무 명이 넘는 승려가 생활했는데요. 매년 정월 15일에 등불을 밝히고 풍년과 안전을 기원하는 연등회를 열었어요. 그때마다 이백 명이 넘는 신라 사람들이 모이고는 했지요.

그가 이렇게 큰 절을 굳이 당나라에 지은 이유는 단순히 종교적인 의미만이 아니었습니다. 고향을 떠나 산둥 지방 곳곳에 흩어져 살던 신라 사람들이 한자리에 모여 해상 활동(교역)의 번영과 항해의 안전을 기원할 수 있도록 마음의 안식처를 제공하려 했던 것이지요. 그들을 통해 교역에 관한 정보를 얻기도 하면서, 자연스럽게 네트워크를 형성하는 데 구심점 역

장보고의 해상 활동

할을 했습니다.

당나라 시인 '두목'은 장보고를 "해동(우리나라)에서 가장 뛰어난 사람으로 지혜롭고 현명하며 의리 있는 자"라고 평가할 정도였어요.

그가 이렇게 좋은 평가를 받을 수 있었던 것은 단순히 눈앞의 이익에만 몰두하지 않고, 신뢰와 의리를 바탕으로 주변 사람들을 살뜰히 살피는 따뜻한 리더십을 갖추었기 때문일 거예요.

가능성의 땅으로 거듭난 청해진

장보고는 당나라에서 큰 성공을 거두었는데도 불구하고 자신이 이룬 모든 것을 놓고 신라로 귀국합니다. 그는 왜 갑자기 신라로 돌아갔을까요? 바로 해적 때문이었습니다.

그 무렵 동아시아 해상에서 해적이 마구 들끓었는데요. 무역품을 약탈하는 것은 물론, 신라 사람들을 납치해 노예로 팔기까지 했지요. 장보고는 동포들이 겪는 끔찍한 고통을 외면할 수가 없었어요. 해상 무역을 안정시키고 신라 사람들을 보호하기 위한 대책이 시급하다고 판단했습니다.

그래서 고국으로 돌아가자마자, 흥덕왕을 찾아가 간청했습니다.

"당나라에서 신라 사람들이 노비로 팔려 가고 있습니다. 부디 청해에 진을 설치하게 하여 주십시오."

마침 흥덕왕 또한 해적이 들끓는 문제를 고민하고 있었기에 장보고의 제안이 반가울 수밖에 없었지요. 흥덕왕은 장보고를 청해진 대사로 임명하고 일만 명의 군사를 거느리게 했습니다.

이로써 장보고는 미천한 신분이었는데도 불구하고, 기존 골품제에 없던 직책까지 부여받으며 마침내 자신의 능력을 인정받게 된 것이지요. 신

ⓒ 한국관광공사, 김지호

라 사람들을 보호하려는 애틋한 마음과 더불어, 국제 정세를 읽고 해결책을 제안하는 지혜를 발휘했기 때문이 아닐까요?

장보고는 자신의 고향 완도에 청해진을 설치했습니다. 완도는 당나라와 일본의 중간 거점으로, 동아시아 삼각 무역의 기지로써 완벽한 입지 조건을 갖추고 있었습니다. 삼면이 바다로 둘러싸여 해적선의 움직임을 감시하기도 좋았고요.

장보고는 청해진을 군사적 요새로 튼튼히 다졌습니다. 성을 쌓은 다음 곳곳에 부두와 항만 시설을 만들어 배가 자유롭게 드나들 수 있도록 했지요. 그의 지혜로운 리더십과 탁월한 능력 덕분에 곧 청해진 앞바다에서는 신라 사람들을 붙잡아 노비로 파는 일이 크게 줄어들었습니다. 뿐만 아니라 청해진은 당나라와 일본 등 다양한 나라의 상인들이 오가는 동아시아의 국제 무역 중심지로 번창하게 되었습니다.

장보고의 명성이 자자해지자, 청해진에는 신분 때문에 출세의 기회가 가로막혔던 인재들이 몰려들었습니다. 골품제로 벼슬길에 오르기 어려웠던 인재들에게 장보고가 새로운 기회를 열어 준 셈이지요. 이제 청해진은 뛰어난 인재들과 세계 곳곳에서 온 상인들이 모이는 '가능성의 땅'으로 거듭났습니다.

신분의 한계와 전쟁, 해적 등 숱한 역경 속에서도 장보고는 자신의 미래를 포기하지 않았어요. 국제 정세를 읽는 탁월한 감각으로 돌파구를 만들어 내어 귀중한 성과를 거두었지요.

악조건 속에서도 도전을 두려워하지 않았던 그의 이야기는 우리가 흔히 한계라고 생각한 것들이 오히려 더 큰 성장을 위한 하나의 발판이 될 수 있다는 것을 여실히 보여 줍니다.

변화를 두려워하지 않고 새로운 분야와 목표에 도전했던 장보고의 모습은 오늘날의 기업가 정신과도 닮았습니다. 그가 이룬 성과는 해상왕 장보고가 단순히 '무역을 잘한 사람'이 아니라, '국제 질서를 바꾸어 낸 인물'이라는 점에서 더욱 특별하다고 할 수 있습니다.

▶ 동아시아 국제 무역 허브, 청해진

9세기 신라의 장보고는 흥덕왕의 허락을 받아 전라남도 완도에 해상 군사·무역 기지인 **청해진**을 설치합니다. '청해'는 '바다를 맑게 한다'는 뜻으로, 해적을 물리쳐 안전한 바닷길을 만들겠다는 장보고의 의지가 담겨 있지요. 그렇다면 청해진은 어떻게 동아시아 국제 교류의 요충지가 되었을까요?

청해진의 구조는 매우 체계적이었습니다. 입구에는 331미터 길이의 참나무 말뚝으로 된 목책을 설치해서 해적과 외부의 침입을 방어했습니다. 내부에는 약 890미터에 달하는 토성을 쌓아 방어력을 높였고, 성벽 중간에는 전망대를 두어 해상과 내륙을 동시에 감시했지요.

장보고는 군사력을 강화하고, 국제 무역 네트워크를 구축했습니다. 신라 상인과 이주민 네트워크를 활용해 무역을 체계적으로 관리했으며, 당나라와 일본에 외교 사절을 파견해 문화 교류를 주도했지요.

이렇게 청해진을 기반으로 한 장보고의 해상 네트워크는 신라에 큰 변화를 가져왔습니다. 신라의 금, 은, 인삼, 해산물 등을 중국과 일본 등지로 수출해 경제 성장을 이끌었고, 중국의 선진 기술과 서적을 신라로 들여와 문화를 발전시켰습니다. 또한 신라의 불교문화가 일본에 전해지는 통로 역할을 하기도 했지요.

흥미로운 점은 청해진에 여러 나라의 상인과 승려, 기술자들이 모이면서 다문화 공동체가 형성되었다는 것입니다. 그야말로 청해진은 단순한 무역항을 넘어 문화·기술·사상의 교류 통로로써 신라와 동아시아 문명의 발전과 융합에 큰 역할을 한 셈이에요.

▶ 명예로운 신분과 부의 상징, 유리

고대 동아시아는 활발한 문화 교류와 무역이 이루어지던 시대였습니다. 특히 당나라, 일본, 그리고 한반도의 삼국은 바닷길과 육로를 통해 서로 연결되어 있었지요.

이 거대한 교역망 속에서 신라는 중요한 국제 무역의 거점 역할을 했습니다. 특히 신라는 지리적 위치를 활용해 중국 대륙과 일본 열도를 잇는 교량 역할을 하며, 동서양을 아우르는 국제적 네트워크의 핵심축이 되었습니다. 이러한 사실은 어떻게 알 수 있을까요? 바로 신라 시대에 만들어진 무덤에서 출토된 유물들을 통해 그 당시 사회 모습을 엿볼 수 있습니다.

신라의 가장 크고 대표적인 고분인 황남대총에서 아주 진귀한 물건들이 세상에 모습을 드러냈습니다. 그중에서도 투명하고 푸른빛을 띠는 봉황 모양의 유리병이 주목을 받았는데요. 이 무덤에서는 삼십 점이 넘는 유리잔과 유리병 등 다양한 유리 제품이 출토되었어요. 발굴 현장은 한순간에 놀라움으로 가득 찼지요.

무덤에 왜 유리 제품이 들어가 있었을까요? 오늘날 우리가 다이아몬드나 금을 귀하게 여기는 것처럼, 맑게 빛나는 유리는 그 당시 신라 사람들에게 매우 신기하고 값진 물건이었습니다. 그 무렵에는 자체적인 유리 제조 기술이 없었기에, 이 유리 제품들은 대부분 중국이나 로마, 페르시아, 아라비아 지역에서 만들어져 실크 로드(비단길) 같은 교역로를 통해 신라에 전해졌지요.

손잡이에 금이 간 유리잔도 금실로 감아 수리해서 계속 사용할 정도로 아꼈다고 하지요? 그 시절에는 그만큼 유리가 명예로운 신분과 부의 상징이었

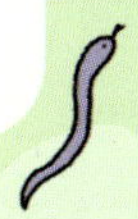

다는 것을 짐작할 수 있습니다. 신라의 왕과 귀족들에게 유리는 부와 명예, 그리고 국제 교류의 상징으로 여겨진 거예요.

신라의 국제적 교류는 시대가 흐르면서 더욱 활발해졌습니다. 특히 통일 신라 시대에는 장보고가 설치한 청해진을 중심으로 당나라와 일본을 연결하는 해상 무역망이 발전했고, 각국의 상인들과 신뢰를 쌓으며 교역이 이루어졌습니다. 울산항은 신라, 당나라, 일본 등 동아시아 여러 나라 상인들이 오가는 국제적인 항구로 성장했지요.

유리는 단순한 그릇이나 장신구가 아니라, 그 시대를 살아간 사람들의 꿈과 바람, 그리고 신라가 세계와 소통했던 흔적을 비추는 유물이기도 합니다. 황남대총의 유리 제품들은 고대 신라의 국제적 위상을, 장보고의 청해진은 통일 신라의 해상 무역 발전을 보여 주는 소중한 증거이지요. 이처럼 신라는 세계 여러 나라와 활발히 교류하며 열린 자세로 다양한 문화를 수용하고자 했습니다.

∶ K-무역의 시작, 장보고는 신라의 슈퍼 MD였다?

쇼핑을 하다 보면 매장 맨 앞줄에 진열된 상품들을 보며 '이건 누가 어떻게 기획해서 여기에 놓았을까?' 하고 궁금한 마음이 들었던 적 있지 않나요? 바로 이런 일을 담당하는 사람이 '엠디(MD, Merchandising Director)'예요.

엠디는 시장의 흐름을 읽고, 소비자가 무엇을 원하는지 파악해 가장 잘 팔릴 만한 상품을 기획하고 들여와 판매하는 전문가를 말합니다.

지금으로부터 약 1200년 전, 9세기 신라에도 지금의 엠디처럼 뛰어난 감각을 지닌 인물이 있었습니다. 바로 '해상왕'이라고 불린 장보고입니다.

장보고는 828년 완도에 청해진을 설치한 뒤, 신라와 당나라, 일본을 오가며 국제 무역을 이끌었습니다. 단순히 물건을 사고파는 데 그치지 않고, 각 나라 귀족들의 취향을 정확히 파악해 맞춤형 상품을 유통했지요.

그가 일본에 보낸 무역 사절단인 회역사는 무척 인기가 많았다고 합니다. 주로 당나라와 신라의 물품을 가져갔는데, 일본인들이 물건값을 미리 지급할 만큼 영향력이 컸다고 해요.

그 시절엔 어떤 물건들이 인기가 있었을까요? 신라 귀족들 사이에서는 희귀한 사치품이 크게 유행했습니다.

특히 물총새의 화려한 깃털인 비취모는 모자나 장신구를 꾸미는 재료로 큰 인기를 끌었고, 공작 꼬리털, 고급 향료, 서역의 보석들도 신라 귀족들 사이에서 선풍적인 인기를 끌었습니다.

　　사치품 열풍이 너무 과열되었던 걸까요? 834년 흥덕왕은 '복식 금제령'을 내려 "목도리에는 금은실, 공작 꼬리, 비취 털로 만드는 것을 금한다."고 할 정도였다고 해요.

　　반대로, 신라에서는 어떤 물건을 수출했을까요? 신라에서 만든 정교한 거울과 멋스러운 도자기, 화려한 꽃무늬 모직물, 정성 가득한 공예품들이 중국과 일본에서 큰 인기를 끌었다고 합니다. 지금 전 세계를 휩쓸고 있는 K-팝, K-뷰티, K-푸드처럼 그 시절에도 신라의 상품들이 세계인들에게 큰 사랑을 받았던 것이지요.

　　만약 여러분이 엠디가 된다면 어떤 상품을 기획해 판매해 보고 싶나요? 또, 어떤 아이디어로 사람들의 마음을 사로잡을 수 있을까요? 장보고처럼 세상을 넓게 보고, 사람들이 진짜 원하는 것을 읽어 내는 안목을 길러 보는 거 어때요? 새로운 기회의 문이 열릴지도 모르잖아요.

포용과 소통으로
민족 통일을 이끈

올바른 조언을 받아들이면 더 나은 사람이 될 수 있다.
다른 이에 대한 비난은 멀리해야 한다.

ⓒ국가유산청

왕건 청동상

후고구려를 이은 태봉의 수도 철원, 왕건과 조정 대신들은 구석에서 조용히 숨을 죽인 채 상황을 지켜보고 있었습니다.

"내가 너희의 딴마음을 모를 줄 알았느냐? 나는 마음을 꿰뚫어 볼 수 있다. 내가 바로 미륵불이다."

궁예의 날카로운 눈빛과 격앙된 목소리가 향한 곳에서 있던 신하들은 벌벌 떨고 있었습니다. 곧이어 비명과 함께 두 명의 관리가 죽어 나갔습니다. 그 모습을 지켜본 왕건의 마음속에는 깊은 슬픔과 분노가 차올랐습니다.

왕건은 스무 살 무렵부터 약 이십 년간 궁예의 장수로 활약했습니다. 궁예는 한때 지혜롭고 용맹한 지도자로서 백성을 잘 다스렸지만, 지금 왕건의 눈앞에 있는 그는 더 이상 예전의 모습이 아니었습니다. 미래에 이 세상에 나타나 중생을 구제할 부처인 미륵불이라고 자처하며, 대화와 소통을 거부한 채 폭정을 일삼았으니까요.

'어찌하여 이리 변했단 말인가?'

왕건은 탄식하며 마음속으로 오래 고민해 오던 일을 마침내 실행하기로 결심했습니다. 918년 6월, 홍유, 배현경 등 자신을 따르던 사람들과 군사를 일으켜 궁예를 몰아내고 새로운 나라를 세웠지요. 그리고 나라 이름을 '고려'라 정한 뒤 첫 번째 왕이 되었습니다.

궁예 밑에서 때를 기다리다

왕건은 해상 무역으로 성장한 송악(지금의 개성)의 호족 왕륭의 아들로 태어났습니다. 장사를 위해 여러 지역을 떠도는 아버지를 따라다니며 세상의 이치를 배우고 군사 기술과 무예를 익혔습니다.

왕건이 스무 살이 될 무렵, 철원에서 세력을 키운 궁예가 송악으로 진출했습니다. 이때 왕륭은 싸우지 않고 궁예에게 송악을 바쳤습니다. 그 결과 왕건은 후고구려 궁예의 장수가 되었고, 그 밑에서 차근차근 실력을 쌓아 전쟁에서 여러 성과를 올렸습니다.

900년에는 스물네 살의 나이로 첫 원정

궁예 영정

을 떠나 지금의 경기도 남부와 충청북도 일대를 정벌했고, 903년에는 후백제의 해상 요충지인 나주를 점령하고, 나주 지역 호족들을 모두 복속시켰습니다.

많은 신하들이 궁예에게 아부하며 자신의 이익을 챙길 때, 왕건은 오히려 외곽 지역인 나주 지역에 머물렀습니다. 이때 부하였던 김언이 자기들에게만 상을 주지 않는다고 불평하자, 왕건은 도리어 이들을 타이르며 이렇게 말했습니다.

"왕이 아부하는 이들의 말을 믿고 잔인하게 죄 없는 사람들을 죽이고 있으니, 이럴 때는 왕궁에 머무는 것보다 멀리 떨어진 곳에서 공을 세우며 안전하게 지내는 것이 낫다."

왕건은 당시의 정세를 명확히 파악하고 냉정하게 판단하여 부하들을 보호했던 것입니다. 그 뒤에도 각지로 원정을 다니며 수차례 승리를 거두었지요. 그러다 궁예의 신임을 얻어 서른일곱의 나이에 후

고구려 최고의 관직인 '시중'에 올랐습니다.

왕건은 최고 관직에 올랐어도 권력을 사용할 때는 언제나 신중했습니다. 올바른 사람을 곁에 두고 간사한 사람을 멀리하며 공정하게 나랏일을 처리하고자 애썼습니다.

한번은 '아지태'라는 인물이 궁예에게 아첨하여 고위 관직에 올랐습니다. 아지태는 거짓된 말로 죄 없는 사람들을 모함했지만, 아무도 그를 문제 삼지 못했습니다. 그러나 왕건만은 두려워하지 않고 앞에 나서서 아지태의 잘못을 단호하게 지적했지요.

이때 궁예는 왕건의 세력과 입지에 점차 위협을 느꼈습니다. 결국 왕건은 시중에서 해임되어 다시 나주로 내려가야 했지만, 사람들은 그의 정직함과 용기를 더욱 높이 평가하게 되었습니다.

918년에 궁예의 폭정을 더 이상 견디지 못한 신하들은 왕건을 새로운 지도자로 추대했습니다. 혼란스러운 시대를 극복하기 위해서는 공정한 판단력과 넓은 포용력을 가진 왕건이야말로 가장 적합한 인물이라고 여겼던 것이지요.

포용의 힘이 가져온 민족 통합

왕좌를 굳건히 하고 후삼국을 통일하기 위해서는 더 많은 호족의 지지가 필요했습니다. 그래서 왕건은 어진 임금임을 내세우며 자신을 낮추고 호족들을 포용하는 정책을 펼쳤습니다.

왕건이 견훤과 전투를 벌인 대구 팔공산

고려의 신하가 되겠다고 귀순하는 호족에게 땅과 관직은 물론, '왕(王)' 씨 성까지 내려 주었습니다. 호족들이 충성의 표시로 아들을 보내오면 그들을 후하게 대우했고, 각 지역의 세력 있는 호족의 딸과 혼인하여 무려 스물아홉 명에 이르는 부인을 두었습니다.

호족의 협조와 지원을 바탕으로 고려는 후삼국 통일을 향해 한 걸음 한 걸음 나아갔습니다. 먼저, 왕건은 약해질 대로 약해진 신라를 무력으로 굴복시키지 않고 존중했습니다.

후백제의 왕 견훤이 신라를 침략해 위험에 처했을 때는 직접 군대를 이끌고 후백제를 공격해 신라를 도왔습니다. 팔공산 전투에서 참패하며 죽을 고비를 겨우 넘겼지만, 오히려 신라 사람들의 마음을 얻었습니다.

결국 더 이상 나라를 지탱할 수 없다고 판단한 신라의 경순왕은 나라를 왕건에게 넘겨주었고, 왕건은 그를 사심관에 임명해 경주 지역을 관리하도록 했습니다.

심지어 왕건은 자신을 사지로 몰아넣었던 견훤도 받아들였습니다. 후계 문제로 아들과 다투다 금산사에 갇혔던 견훤은 겨우 도망쳐 왕건에게로 왔습니다. 그 덕분에 고려는 전쟁 없이 신라를 흡수하고, 후백제를 격파하여 후삼국을 통일하게 되었습니다.

그 후 발해 왕족 대광현이 망명해 오자, 왕건은 그에게 왕씨 성을 내려 주며 지배층으로 받아들였어요. 발해의 유민들까지 포용했고요. 그리하여 고려는 민족 전체를 아우르는 진정한 통일을 이루어 냈습니다.

이렇게 왕건은 지도자로서의 인품과 포용력을 두루 갖춘 인물이었습니다. 귀순해 오는 호족에게, 약해진 신라 왕에게, 아들의 배신으로 갈 곳 잃은 견훤에게, 나라를 잃고 흩어진 발해의 유민들에게 덕을 베풀며 따뜻하게 받아들였습니다. 그 덕분에 후삼국 시대의 혼란은 가라앉았고, 민족은 하나로 통합될 수 있었지요.

조언을 하면 받아들이고, 비난은 멀리하라

왕위에 오른 왕건은 통치자로서 더욱 탁월한 능력을 발휘했습니다. 궁예의 폭정으로 고통받던 백성들의 마음을 헤아리고, 그들의 목소리에 귀 기울였습니다.

그는 곧바로 공정한 법과 제도를 정비하여 사회의 혼란을 가라앉히고,

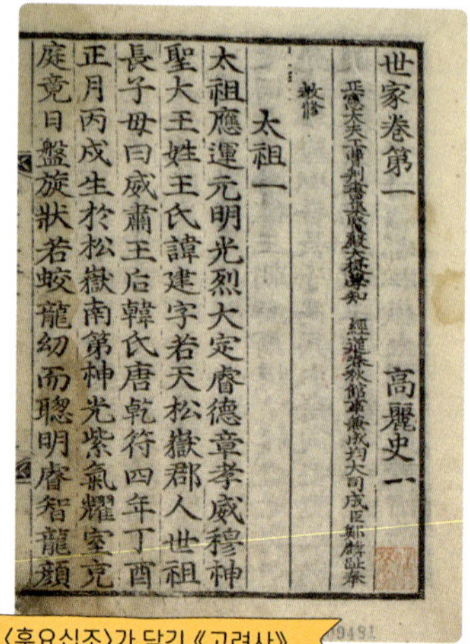

〈훈요십조〉가 담긴 《고려사》

백성들이 안정된 삶을 살 수 있도록 힘썼습니다. 그 결과 왕건의 통치 기간 동안 고려는 안정을 되찾고 북쪽으로 영토를 넓히며 꾸준히 발전해 나갔습니다.

왕건은 말년에 죽음을 앞두고 후대 왕들을 위해 통치 이념과 지켜야 할 기본 원칙이 담긴 〈훈요십조〉를 남겼습니다.

"조언을 하면 받아들이고, 다른 이에 대한 비난은 멀리해야 한다. 올바른 조언을 받아들이면 더 나은 사람이 될 수 있다. 다른 이에 대한 비난은 달콤하게 들리지만 내가 믿지 않으면 곧 스스로 그만둔다."

〈훈요십조〉의 이 구절에는 왕건의 통치 철학과 인생관이 담겨 있습니다. 여기서 그는 진정한 소통의 본질을 강조했습니다.

좋은 지도자란 다양한 의견을 경청하고 유익한 조언을 수용하는 사람입니다. 조언을 기꺼이 받아들이는 것은 다른 사람의 지혜와 경험을 인정하고 포용하는 태도를 뜻하지요.

반면, 다른 이에 대한 비난에 귀 기울이지 말라는 가르침은 분열이 아닌 화합을 추구하는 포용 정신을 잘 보여 줍니다. 비난은 갈등을 일으키고 사람들 사이에 벽을 세우지만, 건설적인 조언은 관계의 신뢰를 쌓고 함께 성장할 수 있게 하지요.

왕건의 이야기는 상대방을 이해하고 포용하는 넓은 마음, 그리고 진정한 소통이 얼마나 큰 힘을 발휘하는지 보여 줍니다. 서로 다른 의견을 가진 사람들이 제대로 소통하지 못해 갈등이 커지는 오늘날의 우리 사회에도 꼭 필요한 가르침이지요.

▶ 지방을 꽉 잡고 있는 호족

통일 신라 말기와 고려 초기, 새롭게 성장한 호족은 경제력과 군사력이 강한 지방 세력으로, 각 지방에서 독자적인 기반을 이룬 토착 세력을 가리킵니다. 통일 신라 말 왕위 쟁탈전으로 중앙 정부의 힘이 약화되자, 지방의 유력한 가문들이 세력을 강화하면서 호족으로 성장했습니다.

특히 농민 반란으로 사회가 어수선해지면서 호족들은 농민들을 보호한다는 명목으로 성을 쌓고 지방을 다스렸습니다. 호족은 스스로를 성주나 장군으로 부르며, 그 지역의 군사권과 행정권을 거머쥐었지요.

따라서 호족의 지지는 새로운 왕조의 성패를 좌우할 만큼 중요했습니다. 그렇기에 왕건은 고려를 세운 후에 호족들을 적극적으로 포용하는 정책을 펴야 했지요. 고려 시대에 들어선 뒤에도 호족들은 중요한 정치적 세력으로 남아 있었는데요. 왕실과 혼인, 과거를 통한 관직 진출 등으로 점차 중앙 귀족으로 변모해 고려 사회의 중요한 축을 담당하게 됩니다.

호족의 등장과 활약은 우리 역사에서 무척 중요한 의미를 지닙니다. 중앙 집권적 통치 체제가 무너지는 혼란기에는 지방에서 성장한 이들 세력이 일종의 안전망 역할을 했습니다. 중앙 정부가 제 역할을 하지 못할 때, 지역민을 보호하고 질서를 유지해 주었거든요.

또 호족 세력의 등장은 새로운 정치 질서를 만드는 원동력이 되기도 했습니다. 태어나면서부터 신분이 정해져 버리는 신라의 골품제의 폐쇄적인 귀족 체제에서, 능력과 힘을 바탕으로 성장할 수 있는 개방적인 체제로 나아가는 변화를 불러왔으니까요.

▶ 때로는 포용, 때로는 견제

왕건은 왕위에 오르면서 나라 이름을 '고려'라고 지었습니다. 고려는 고구려를 계승한 국가라는 의미입니다. 그래서 고구려 수도였던 평양을 서경으로 삼고, 북쪽으로 영토를 넓히기 위해 북진 정책을 펼쳤지요. 고구려 유민이 세운 발해가 거란에게 멸망하여 고려로 대거 이주해 왔을 때도 정착하여 살 수 있도록 도움을 주었고요.

또한 고려를 세울 때 공을 세운 호족들에게 관직과 토지를 내려 주었습니다. 지방의 힘 있는 호족의 딸과 혼인을 한 뒤, 왕씨 성을 내려 친족 관계로 만들어 정치적 동맹을 강화했지요.

한편으로는 호족들을 견제하기 위한 제도도 마련했습니다. 중앙의 높은 관리를 자신의 출신 지역의 사심관으로 임명하여 지방을 견제했고, 지방 호족의 자식을 수도로 불러 머물도록 하는 기인 제도를 실시하여 호족들을 통제했습니다. 이렇게 태조 왕건은 호족을 포용하는 동시에 견제하며 왕권을 키워 나갔습니다.

백성들을 위해서는 세금을 줄여 주었을 뿐 아니라, 형편이 어려운 사람들을 구제하기 위한 정책도 펼쳤습니다. 부처에게 복을 비는 연등회와 토속 신에게 제사를 지내는 팔관회 같은 국가 행사를 열어 백성들의 마음을 달래었지요.

그 밖에, 죽음을 앞두고는 후손들에게 〈훈요십조〉를 남겼습니다. 여기에는 불교를 숭상하고, 서경을 중시하라는 등 열 가지 당부가 담겨 있습니다. 특히 5조에서는 "거란의 언어와 풍습을 본받지 말고, 우리나라의 고유한 풍

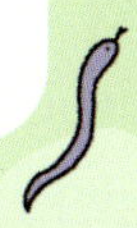

속과 제도를 지키라."고 해, 태조 왕건의 자주적인 국가 운영 방침을 엿보게 합니다.

이러한 노력을 통해 고려는 정치적 안정과 경제적 발전을 이루게 되었습니다. 분열되었던 한반도를 하나로 통합하고, 민족의 정체성을 새롭게 정립했다는 데에서 중대한 역사적 의미를 지닙니다.

왕건의 지혜롭고 통합적인 리더십은 오랜 세월 고려 왕족의 굳건한 토대가 되었으며, 한반도 역사에 길이 남을 중요한 유산으로 기억됩니다. 무엇보다 나와 다르거나 반대 입장에 서 있던 사람들을 하나로 모아 품었다는 점에서 진정한 리더의 모습이 엿보입니다.

⋮ 난민과 이주민, 다름을 넘어 하나 되는 사회로!

뉴스를 보다 보면 세계 곳곳에서 '난민'과 '이주민' 문제가 끊임없이 등장하는 것을 볼 수 있습니다. 이들은 전쟁이나 재난을 피해 또는 더 나은 삶을 위해 고향을 떠나 다른 나라로 온 사람들이지요. 이제 우리나라도 다양한 이유로 이주해 온 난민과 이주민들이 함께 살아가는 사회가 되었습니다.

국제 사회의 일원으로서 난민을 보호하고, 다양한 배경을 지닌 이주민들과 함께 살아가는 방법을 고민해야 할 때입니다. 그렇다면 태조 왕건은 어떻게 신라와 후백제, 심지어 발해의 백성들까지 하나로 모아 진정한 통합을 이루었을까요?

삼국 시대가 막을 내리던 무렵, 힘이 약해진 신라는 고려와 맞서 싸우기보다 평화로운 길을 택해 결국 왕건에게 항복했습니다. 이때 왕건은 신라의 마지막 왕인 경순왕을 예우해 주었고, 신라 귀족들에게도 높은 벼슬을 주며 고려의 중요한 인물로 받아들였습니다. 신라의 문화와 전통도 그대로 존중해 주었고요.

이는 왕건이 전쟁을 하지 않고 평화롭게 합류한 사람들을 차별하지 않고, 그들의 질서와 문화를 인정하며 함께 어우러지려 했다는 것을 잘 보여 줍니다.

반면에, 후백제는 고려와 치열하게 전쟁을 벌인 끝에 왕건에게 패하여 멸망했습니다. 전쟁에서 이긴 뒤였지만 왕건은 후백제 사람들을 무작정

벌주거나 차별하지 않았습니다. 오히려 그 지역 호족들을 설득하고 다독이며 고려의 백성으로 받아들였지요. 과거의 적이었던 이들을 배제하지 않고 미래를 함께할 동반자로 여긴 것입니다.

가장 주목할 만한 점은 발해 유민들을 따뜻하게 받아들인 거예요. 발해가 거란에게 멸망한 뒤, 많은 발해 사람들이 고려로 넘어왔는데요. 이들은 오늘날 '난민'과 비슷한 처지였습니다. 왕건은 이들을 외면하지 않고 오히려 따뜻하게 맞이했습니다. 발해 왕자에게는 높은 벼슬을 내리고, 발해 유민들에게도 고려의 관직을 주어 능력을 펼칠 기회를 주었지요.

이렇게 왕건은 다양한 배경을 지닌 사람들을 차별 없이 포용하며, 모두가 함께 살아갈 수 있는 새로운 공동체를 만드는 데 힘썼습니다. 그것은 곧 고려가 성장하는 데 든든한 밑거름이 되었지요. 이러한 포용의 자세는 오늘날 우리가 난민과 이주민을 어떻게 대해야 하는지에 대해 소중한 교훈을 전해 줍니다.

인재 등용을 통해
개혁의 포문을 연

덕행과 재능이 뛰어나고
학문이 높은 인재를 등용하라.

무더운 여름날 하늘을 뚫을 듯 목청껏 노래하는 매미를 만날 수 있습니다. 매미는 깜깜한 땅속에서 나무 뿌리의 영양분을 흡수하며 무려 7년이라는 긴 시간을 인내합니다.

그 오랜 시간을 잘 견뎌야만 밝은 세상 밖으로 나와 우렁차게 자신의 소리를 낼 수 있는 것이지요. 매미처럼 오랜 인내를 통해 마침내 왕권 강화를 이뤄 낸 왕이 있습니다. 바로 고려의 제4대 왕 광종입니다.

기다림의 미학, 7년의 인내

광종이 왕위에 오르기 전, 고려는 그야말로 혼돈의 시대였습니다. 태조 왕건이 정치적 안정을 도모하고자 여러 호족 가문의 딸과 결혼한 것이 왕위 계승에는 독이 된 것입니다. 왕건에게는 무려 스물아홉 명의 부인과 스물다섯 명의 아들이 있었고, 서로 자기 가문의 아들이 왕위를 이어야 한다며 세력 다툼을 벌였습니다.

이러한 상황에서 943년에 왕건의 첫째 아들 혜종이 즉위하지만, 당시 광주의 강력한 호족이었던 왕규는 자신의 외손자인 광주원군을 왕위에 앉히려 정치적 압박을 가했습니다. 혜종은 이러한 권력 다툼 속에서 즉위한 지 2년 4개월 만에 병으로 세상을 떠났습니다.

그 후 셋째 아들 정종이 서경의 강력한 호족이었던 왕식렴의 지지를 받아 왕위에 올랐습니다. 정종은 수도를 개경에서 서경으로 이전하려 하는 등 여러 가지 개혁을 추진하려 했지만, 4년 만에 병을 얻어 사망했지요.

호족의 세력이 커질수록 왕권이 더 흔들리면서 나라는 점점 혼란스러워졌습니다. 왕건의 넷째 아들로 왕위에 오른 광종은 이 혼란을 반드시 끊어 내야 한다고 생각했어요. 그러나 그는 성급하게 움직이지 않았습니다.

광종이 다시 지은 안성 봉업사지 오층 석탑

매미가 세상 밖으로 나갈 때를 기다리듯, 자신의 시간이 올 때까지 신중하게 준비했습니다.

우선 왕의 자기 계발서라 불리는 《정관정요》를 읽기 시작했습니다. 《정관정요》는 당나라 태종이 신하들과 나눈 이야기를 담은 책인데요. '정관'은 당나라의 전성기를 이끌었던 태종의 연호이며, '정요'는 정치의 요체, 즉 핵심을 뜻합니다.

광종은 바른 정치를 하기 위해 《정관정요》를 읽고 또 읽으며, 나라와 백성을 위해 어떤 군주가 되어야 하는지 끊임없이 고민했어요. 겉으로는 호족과 화합하는 모습을 보였지요. 공을 세운 호족들에게 포상을 내려 회유하는 한편, 왕권을 강화하고 호족 세력을 견제할 개혁안을 차근차근 세워 나갔습니다.

그렇게 7년의 준비 끝에, 광종은 956년 노비안검법을 시행하며 개혁의 신호탄을 쏘아 올립니다. 여기서 '안검'이란 조사하고 검사한다는 의미로, 본래 양인이었다가 억울하게 노비가 된 사람을 풀어 주라는 명령을 내린 것이에요.

후삼국 통일 과정에서 전쟁 중에 포로가 되거나 빚을 지고 몰락한 양인들이 많았습니다. 이들은 호족들에 의해 마구잡이로 노비로 전락했지요. 노비는 노동력과 군사력의 원천이었기에, 호족들은 이들을 이용해 막강한 권력을 휘둘렀습니다.

광종은 노비안검법을 통해 호족들의 경제력과 군사력을 약화시키려고

했습니다. 억울하게 노비가 된 이들을 양인으로 회복시키면 그들로부터 세금과 군역을 확충할 수 있었고, 이는 국가 재정을 튼튼히 해 왕권을 강화하는 기반이 되었습니다. 즉, 노비안검법은 정치적 계산이 철저하게 숨어 있는 파격적인 정책이었던 셈이에요.

수많은 호족들의 반발에도 불구하고 단호한 태도로 개혁을 밀어붙여, 왕권 강화는 물론 국가 재정까지 탄탄하게 만들었지요. 때를 기다릴 줄 아는 지혜와 결단력과 추진력, 그것이 바로 광종의 강력한 무기였습니다.

실력 있는 인재를 등용하라

958년 5월, 고려의 수도 개경에서는 수많은 사람들이 시험장에 모여 글을 쓰는 진풍경이 펼쳐졌습니다. 이는 광종이 우리나라 최초로 과거제를 도입하면서 시험을 보기 위한 사람들이 개경으로 몰려들었기 때문이지요.

광종은 막강한 호족 세력을 약화시키고, 나라를 위해 일하면서 자신을 지지해 줄 세력을 만들고자 했습니다. 마침 이때, 중국의 후주에서 온 '쌍기'라는 신하가 광종에게 실력과 학문이 뛰어난 인재가 벼슬에 오를 수 있어야 한다며 과거제를 제안했습니다.

과거제는 시험을 통해서 관리를 선발하는 제도로, 중국 수나라에서 처음 시행되었습니다. 특히 과거제를 제안한 쌍기는 고려와 비슷한 상황에서 왕권 강화에 성공한 후주의 혁신 정치에 직접 관여한 경험이 있는 인물이었어요.

광종은 그의 건의를 적극적으로 받아들여 과거제를 도입했습니다. 능력과 실력으로 관리를 선발하는 과거제 도입 소식이 전해지자, 호족 자제들은 크게 동요했습니다.

첫 과거 시험에서는 쌍기가 감독관인 '지공거'

ⓒ 한국학중앙연구원

《고려사》에 기록된 쌍기

로 임명되어 시험을 치렀고, 개혁 의지를 보여 주기 위해 광종이 직접 일곱 명의 합격자를 발표했지요.

과거제 도입은 점진적으로 새로운 인재들이 정치 무대에 등장할 수 있는 기반을 마련했습니다. 실제로 후대에는 과거 출신 관리들이 국가의 중요한 역할을 담당하기도 했어요.

특히 광종 11년(960)에 과거에 합격한 서희는 성종 12년(993)에 탁월한 외교적 판단으로 거란과의 협상에서 강동 6주를 확보했습니다. 과거제의 취지에 맞게 능력과 실력을 갖춘 인재로 선발된 서희가 나라의 위기를 지혜롭게 극복한 주인공이 된 것입니다.

한편 고려에서는 '음서'라는 제도도 존재했습니다. 능력과는 무관하게 출신에 따라 관직을 주는 것으로, 목종 시기부터 기록에 등장하는데요. 음서는 고위 관리나 공을 세운 신하의 자손들이 혜택을 독점하여 권세가 높은 가문의 특권 유지에 활용되곤 했습니다. 그러나 점차 과거제가 정착되면서 능력 중심의 인재 등용이 선망받는 사회 분위기가 생겨났습니다.

☆ 과거제가 가져온 변화

고려 시대 과거 시험은 원칙적으로 3년에 한 번 치러졌습니다. 시험 과목은 문학적 재능과 정책 능력을 시험하는 '제술업', 유교 경전에 대한 이해 능력을 시험하는 '명경업', 법률과 회계, 지리 등 실용 기술을 시험하여 기술관을 선발하는 '잡업'으로 나누어 선발했어요.

과거제는 양인 이상의 신분을 가진 사람이라면 누구나 응시할 수 있어 가문의 배경에 상관없이 능력에 따라 관리가 될 수 있었습니다. 하지만 교육 기회가 부족한 농민과 같은 양인이 시험에 응시하기는 현실적으로 어려움이 많았기에, 실제로는 문벌 세력이나 중앙 관리의 자제들이 주로 응시했습니다.

그나마 과거제가 도입되면서 시험을 통해 왕의 뜻을 따를 수 있는 재능이 뛰어난 인재를 뽑을 수 있었고, 호족들이 차지하던 관직이 자연스럽게 줄어들면서 그들을 견제하기 쉬워졌습니다.

과거제는 958년 처음 도입되어 조선 시대인 1894년까지 이어지며 사회

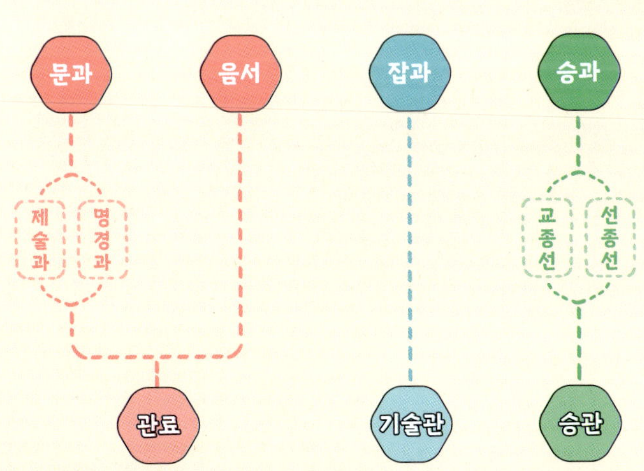

에 큰 변화를 가져왔습니다. 900년 넘게 시행된 과거제는 과연 어떤 변화를 만들어 냈을까요? 과거제는 사회 전반에 많은 변화를 불러일으켰지만, 그중에서도 우리가 사용하는 언어에도 영향을 주었다는 걸 알고 있나요?

제출된 답안지 중 가장 우수한 성적을 받은 답안을 왕이 쉽게 볼 수 있도록 맨 위에 올려 다른 답안지를 덮는 관습에서 '압권'이라는 말이 생겨났어요. 요즘도 '놀라울 정도로 뛰어나다'는 뜻으로 압권이라는 말을 쓰곤 하지요.

또 '장원 급제'는 과거 시험에서 최고의 성적으로 합격하는 것을 뜻합니다. 요즘도 우리는 어떤 분야에서 1위를 차지했을 때 '장원 급제했다'는 표현을 은유적으로 사용하지요.

우리가 일상적으로 사용하는 이 단어들이 과거제에서 비롯되었다니, 정말로 놀랍지 않나요? 이는 역사와 언어가 얼마나 깊이 연관되어 있는지 보여 주는 흥미로운 사례입니다.

이처럼 한 사회의 제도와

과거에 급제한 장양수가 받은 합격 증서

문화는 우리 삶에 오랫동안 영향을 미칩니다. 우리가 현재 사용하는 줄임말이나 신조어 같은 문화가 후대에는 어떻게 소개될까요?

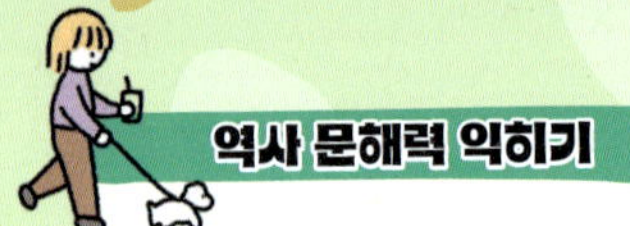

▶ 당신의 옷장은 무슨 색으로 가득한가요? 공복 제도

고려 궁궐에 머리부터 발끝까지 반짝이는 화려한 비단옷을 입은 한 관리가 나타났습니다. 이 모습을 본 광종은 심기가 매우 불편했습니다. 왕인 자신보다 더 화려한 옷을 입은 신하가 부를 과시하는 것이 보기 좋을 리 없었지요. 결국 광종은 관료의 직급에 따라 옷의 색깔을 구분하는 공복 제도를 정리해야겠다고 생각했습니다.

고려 시대에는 관료들의 공복 색깔을 네 가지 색으로 구분했는데요. 고위 관료는 자주색의 자삼, 다음 등급은 붉은색의 단삼, 그 아래 등급은 밝은 주황색의 비삼, 마지막 등급은 녹색의 녹삼이었어요.

광종은 옷 색깔을 통해 조정의 위계질서를 분명히 세우고자 했던 것이지요. 이러한 공복 제도는 관료들의 신분과 직급을 한눈에 알아볼 수 있게 하여 행정의 효율성을 높이고, 관료들에게는 자부심과 소속감을 심어 주는 역할도 했습니다.

요즘도 공복 제도와 비슷한 제도를 쉽게 찾아볼 수 있습니다. 군인의 계급장, 학생의 교복, 회사의 유니폼 등이 그 예라고 할 수 있지요. 이러한 제도는 조직의 질서와 소속감을 유지하는 데 도움이 되지만, 지나치게 엄격할 경우에는 개인의 개성과 자유를 억누를 수도 있어요.

개인의 개성 표현과 공동체의 질서, 두 가지 모두 우리 삶에서 아주 중요한 가치입니다. 그러나 어느 한쪽으로만 치우친다면 또 다른 문제와 부작용이 생길 수 있어요. 이 두 가치를 어떻게 적절히 지켜 나가는게 좋을지 고민해 보아요.

▶ 광종의 개혁을 바라보는 두 가지 시선

태조 왕건이 세상을 떠난 뒤, 고려는 왕위 계승을 둘러싸고 호족들 사이에 다툼이 이어졌습니다. 그 때문에 혜종과 정종 대에는 왕권이 매우 불안정했지요. 이러한 상황에서 왕위에 오른 광종은 호족 세력을 견제하고 왕권을 강화하기 위한 정책들을 과감하게 추진했습니다.

광종은 자신의 개혁 정책에 반대하는 공신과 호족들을 숙청해 왕권을 더욱 공고히 했고, 스스로를 황제로 칭하며 '광덕', '준풍' 등의 연호를 사용해 국가의 위상을 높이고자 했습니다.

광종의 여러 가지 개혁은 왕권을 강화하고 국가 체제를 정비하는 데 토대가 되어 고려가 중앙 집권 국가로 성장할 수 있게 하는 원동력이 되었습니다. 광종이 긴 시간 동안 인내하며 준비한 개혁은 결국 고려 왕조의 정치적 안정과 번영을 이끌어 내어 역사의 중요한 전환점이 되었습니다.

그러나 한편에서는 광종의 파격적인 개혁을 다른 시각으로 평가하기도 해요. 유학자 최승로는 광종의 업적에 대해 이렇게 평가했습니다.

"초기에는 정치가 깨끗하고 공평했으나, 점차 쌍기와 같은 외국 출신 인사를 지나치게 우대하고 신하들을 의심해 무리한 숙청을 단행했다."

이는 역사적 사건의 의미와 영향을 평가할 때에는 다양한 시각으로 바라볼 필요가 있다는 것을 알려 줍니다.

⋮ 고려 시대의 스카이 캐슬, 사학 12도

우리 사회에서 수능은 단순한 시험을 넘어 개인의 진로와 미래를 좌우할 만큼 중요한 의미를 지닙니다. 문항 적중률이 높고 학생들을 잘 이끄는 강사를 '일타 강사'라고 부르며, 많은 수험생들이 이들의 강의를 듣기 위해 몰려들기도 하지요.

그런데 이런 현상이 과연 요즘에 생겨난 일일까요? 천 년 전 고려 시대에도 과거 시험을 준비하는 사람들 사이에서 입소문을 타며 인기를 누리던 '스타 강사'가 존재했습니다.

고려 최고의 재상으로 꼽히는 최충이 바로 그 주인공입니다. 최충은 스무 살이라는 젊은 나이에 문과 과거 시험에 응시해 당당히 장원으로 합격하며 벼슬길에 올랐습니다. 그 후 승승장구하며 최고 관직인 문하시중에까지 이르렀지요. 은퇴 후에는 '문헌공도'라는 사립 교육 기관을 세웠습니다.

그의 명성을 들은 학생들이 전국에서 몰려들었는데요. 아홉 개의 교실로 나누어 수업할 정도로 인기가 매우 높았습니다. 문헌공도의 성공을 본 다른 고위 관료들도 앞다투어 사립 교육 기관을 세웠고, 그 결과 개경에는 문헌공도를 포함해 열두 군데의 사설 교육 기관이 생겨났습니다.

사람들은 이를 '사학 12도'라고 불렀지요. 사학 12도에서 과거 시험 합격자를 많이 배출해 내자, 나라에서 세운 국립 교육 기관인 '국자감'을 압도할 정도로 사교육 열풍이 불었습니다.

천 년 전 고려 시대에도 사학이 붐을 이루고, 학생들이 스타 강사를 찾아 몰려들었다니! 지금의 모습과 크게 다르지 않은 것 같지요?

광종의 과거제 도입은 능력 중심의 사회로 나아가는 긍정적인 변화를 가져왔지만, 경제적으로 여유 있는 집안의 자녀들만 사학의 혜택을 누리고, 학생들이 시험을 위한 공부에만 몰두하게 되는 부작용이 나타나기도 했습니다.

그로부터 천 년이 지난 지금, 교육의 본질을 되찾고, 미래를 이끌어 갈 인재를 어떻게 길러내는 게 바람직한지 다 함께 고민해 보아야 할 것 같습니다.

[2]

백성이 먼저인
세상으로 이끌다

통찰의 빛

민본주의 철학으로 조선을 설계한

백성은 나라의 근본이다.

나라의 모든 명령과 법은 백성을 위한 것이다.

정도전 영정

1383년 정도전은 새로운 희망을 품고 함경도의 푸르른 산과 깊은 계곡을 지나, 그 당시 동북면 도지휘사였던 이성계를 만나러 함주 막사로 찾아갔습니다.

그는 유배지에서 목격했던 백성들의 참혹한 생활과 혼란스러운 사회 상황에 마침표를 찍기 위해서는 변화가 필요하다고 생각했습니다. 그리고 그 변화를 함께 이끌어 갈 적임자가 이성계라고 판단했지요.

정도전과 이성계의 운명적인 만남

이성계는 뛰어난 군사적 재능으로 이미 명성을 떨치고 있었고, 정도전은 그를 통해 자신의 이상을 실현할 수 있으리라는 희망을 품었습니다.

아니나 다를까, 이성계의 진영에 도착한 정도전은 훈련 중인 군사들의 모습을 보고 감탄을 금치 못했습니다. 강인한 체격으로 무장한 군사들이 질서 정연하게 움직이는 모습을 보며, 이성계의 군대라면 반드시 새로운 세상을 열 수 있겠다는 확신이 들었습니다.

"훌륭합니다. 이 군대로 무슨 일인들 성공하지 못하겠습니까?"

정도전은 감탄하며 말했습니다. 이성계는 말의 의미를 짐짓 모르는 척하며 되물었습니다.

"무엇을 말씀하시는 것인지요?"

정도전은 가볍게 웃으며 대답했습니다.

"왜구를 물리치는 것을 말합니다."

그의 목소리는 자신감으로 가득 차 있었습니다. 겉으로는 모르는 체했지만, 사실 정도전과 이성계는 서로의 뜻을 이미 알아차리고 있었으니까요.

두 사람은 함께할 미래를 그리며, 운명이 얽힌 이 순간이 역사에 길이 남을 것임을 직감했습니다.

백성들을 위한 세상을 꿈꾸며

정도전은 고려 시대 문신 정운경과 어머니 우씨 부인 사이에서 태어났습니다. 정도전의 호 삼봉(三峰)은 개경 동남쪽에 있던 '삼각산(북한산)'의 세 봉우리에서 따온 것이라고 해요.

정도전이 태어나고 성장했던 14세기 중엽의 고려 사회는 심각한 위기에 휩싸여 있었습니다. 원나라의 정치 간섭은 점점 심해졌고, 권문세족은 부정부패를 일삼았습니다.

불교는 타락해 제 역할을 하지 못했으며, 개혁을 시도한 왕들의 노력은 번번이 실패했지요. 게다가 나라 밖으로는 홍건적과 왜구의 침략이 끊이지 않았습니다. 이 모든 피해는 고스란히 백성들에게 돌아갔어요.

그 당시 고려 조정 내 회의에서 "굶주린 백성을 부잣집 노비로 삼을 수 있도록 연결해 주자."라는 말이 나왔다고 할 정도로, 국가는 백성을 보호해야 할 기본적인 역할마저 상실했습니다.

이러한 혼란 속에서 정도전은 당대 최고 유학자였던 이색 밑에서 성리학을 배웠고, 스물한 살에는 과거에 합격하여 관리가 되었습니다. 백성을 위한 나라를 만들겠다는 뜻을 품고 매사에 열심히 노력했지요. 하지만 그가 성균관에서 일하던 시기, 외교 정책을 둘러싼 갈등으로 권력자였던 이인임의 미움을 사서 전라도 나주로 유배되고 말았습니다.

비록 관직에서는 멀어졌지만, 유배와 유랑 생활은 정도전에게 백성들의 비참한 현실을 직접 경험하는 계기가 되었어요.

이 경험은 훗날 그가 민본주의 정치 철학을 이루는 데 깊은 영향을 미쳤습니다.

   백성들의 삶이 점점 피폐해지는 것을 안타깝게 여긴 정도전은 고려 사회의 문제를 바로잡기 위한 방안을 끊임없이 모색했습니다. 그는 나라의 근본은 백성이며, 정치의 목적은 백성의 안녕과 행복을 추구하는 데 있다는 '민본주의' 사상을 바탕으로 삼았습니다. 더 나아가 이러한 민본주의를 구체적으로 실현할 방법을 맹자의 사상에서 찾았습니다.

   맹자는 "왕의 자격은 도덕성에 달려 있다. 백성의 뜻을 거스르는 정치와 군주는 백성의 뜻에 따라 바뀌어야 한다."라고 주장했습니다. 이는 도덕적이지 못한 왕은 그 자리에 있을 자격이 없으며, 백성의 뜻을 중히 여기지 않는 자를 왕위에서 내쫓을 수 있다는 '역성혁명'의 정당성을 제시한 것이었어요.

   정도전은 맹자의 뜻처럼, 백성을 위한 정치를 실현하기 위해서는 개혁뿐만 아니라 근본적인 변화가 필요하다고 확신했습니다. 마침내 그는 이성계와 뜻을 함께하는 세력을 모아 새로운 국가를 건설하기 위한 준비에 나섰습니다.

새로운 왕조의 이인자, 백성을 위한 개혁을 주도하다

   1388년 이성계가 위화도 회군을 통해 실질적인 권력을 장악하면서, 정도전과 그의 동료들이 주도한 개혁이 본격적으로 시작되었습니다. 그 중심에는 토지 제도 개혁인 '과전법'이 있었는데요. 이 제도는 권문세족이 독점하던 대규모 농장 체제로 불거진 불평등을 해소하고, 신진 사대부 세력의 경제적 기반을 마련하는 동시에, 농민들의 과도한 세금 부담을 줄여 생활을 안정시키는 데 기여했습니다.

이어서 정도전은 불교를 배척하자고 적극적으로 주장했습니다. 오랜 세월 불교가 국교로 자리 잡으며 막강한 영향력을 행사했지만, 사원은 권문세족과 결탁해 막대한 토지를 소유하며 국가 재정에 악영향을 끼쳐 백성들에게 큰 부담이 되었거든요.

정도전이 쓴 문집인 《삼봉집》에는 유교의 입장에서 불교를 비판한 〈심기리편〉, 〈불씨잡변〉 같은 글이 있습니다.

정도전은 도덕 정치를 중시하는 유교를 국가의 근본 이념으로 삼아, 권력자들의 도덕성을 높이고 백성을 위하는 정치를 실현하고자 한 것이지요.

그렇게 해서 1392년, 이성계를 새로운 왕으로 추대하여 조선이 건국되었습니다. 정도전은 새 왕조에서 정책 결정, 인사 책임, 국가 재정 운영, 군사 지휘는 물론, 왕의 교육과 외교 문서 작성, 역사 편찬에 이르기까지 국가 경영에 필요한 핵심적인 직책을 대부분 맡았습니다.

정도전이 쓴 《삼봉집》

조선의 이인자로서 정책을 결정할 때 백성을 최대한 고려했고, 자신이 꿈꾸던 민본주의 국가를 실현하고자 노력했지요.

그는 홀아비, 과부, 고아, 자식 없는 노인 등 사회적 약자를 고을에서 우선적으로 보살피도록 하고, 이들의 세금을 면제해 주었습니다. 또 백성들의 부담을 줄이기 위해 지방의 군용지인 둔전을 대폭 축소하고, 세금도 크게 낮추었어요.

'어려운 이들을 돕는 것이 정치의 근본이다.'라는 그의 신념은 실질적인 복지 정책으로 이어졌고, 이러한 개혁은 착취와 억압으로 고통받던 백성들에게 새로운 희망을 안겨 주었지요.

정도전은 말로만 이상을 외치는 이상론자가 아니라, 자신의 사상을 실제 정책으로 구현해 낸 실천가였습니다. 그의 지혜와 헌신적인 노력은 백성의 생활을 안정시키고, 새로운 왕조의 기틀을 다지는 데 결정적인 역할을 했습니다.

왕자의 난에 밀려 비극적인 최후를…

조선이 세워지고 얼마 지나지 않아, 조선과 명나라 사이에 외교적 마찰이 일어났습니다. 조선의 국호를 정해 달라는 외교 문서를 보내자, 명나라는 갑자기 강경한 태도를 보이며 조선을 압박했어요.

심지어 명나라는 외교 문서에 불경한 표현이 사용되었다고 꼬투리를 잡으며 작성자인 정도전을 명나라로 보내라고 요구했습니다.

병사권을 쥐고 있던 정도전은 무리한 요구를 하는 명나라를 상대로 요동 지역을 정벌하겠다는 과감한 전략을 내놓았습니다. 이를 위해 군사 훈련을 실시하며, 왕실과 종친이 보유한 사병을 소집하여 병력을 집중시키려 했지요. 그러나 왕자들과 종친들은 정도전이 외교와 국방을 빌미로 자

삼봉 기념관 외부

신들의 군사적 기반을 약화시키려 한다고 의심했습니다.

엎친 데 덮친 격으로, 이 무렵 이성계의 아들들 사이에서 세자 자리를 두고 경쟁이 벌어졌습니다. 정도전은 다섯째 아들 이방원이 아니라 여덟째 왕자 이방석을 지지했지요. 어머니가 다른 동생 이방석이 세자로 책봉되자, 이에 불만을 품은 이방원은 왕자의 난을 일으켜 정도전과 이방석을 제거한 후 권력을 장악했습니다.

정도전은 자신의 신념과 조선을 위해 모든 것을 바쳤지만 끝내 비극적인 죽음을 맞이했습니다. 그러나 그의 민본주의 사상과 이를 실현하려는 노력은 조선을 오백 년간 지탱하는 근간이 되었습니다.

▶ 백성을 우선으로 한 재상 중심의 정치, 총재론

정도전은 '정치란 백성을 위한 것이어야 한다'는 민본주의 사상을 실현하기 위한 제도적 장치로써 재상 중심의 정치, 즉 **총재론**을 주장했습니다. 정치의 주체가 왕이 아니라 고위 관리인 '재상', 즉 국정을 실제로 운영하는 주요 인물이어야 한다고 생각했지요. 왕이 모든 권력을 쥐고 있는 왕조 국가는 왕의 능력이나 성격에 따라 나라의 운명이 크게 달라질 수 있기 때문입니다.

반면에 재상은 뛰어난 지식과 능력을 가진 사람들로 뽑으면 되기 때문에, 재상이 국정을 운영하면 보다 안정적으로 정치가 이루어질 것이라고 믿었습니다. 그러기 위해서는 재상이 왕의 감정이나 개인적인 성향에 영향을 받지 않고, 객관적이고 합리적인 판단을 할 수 있는 제도를 마련해 다양한 의견이 반영될 수 있도록 해야 한다고 여겼지요. 그래야 왕이 독단적으로 결정을 내리는 것보다 더 나은 결과를 가져올 수 있으니까요.

그래서 고려 말 변방 출신으로 중앙 권력에서 소외되었던 이성계가 새 왕조에 적합한 왕이라고 판단했던 것입니다. 이성계를 이을 왕으로도 다섯째 왕자 이방원이 아니라 여덟째 왕자 이방석을 지지했던 것이고요. 이방원은 왕이 강력한 힘을 가지고 국정을 운명해야 한다고 생각하고 있었거든요.

정도전이 주장한 재상 중심의 정치 사상은 이후 조선의 정치적 방향성과 제도적 발전에 지속적으로 영향을 미쳤습니다.

이는 오늘날 민주주의 정치 제도와도 연결될 수 있는데요. 권력이 한 사람에게 집중되지 않고, 여러 사람이 의견을 나누고 서로 견제하며 운영하는 현대 정치 시스템과 닿아 있지요.

▶ 조선 건국의 시나리오?!

고려 말 사회는 안팎으로 큰 위기에 처해 있었습니다. 원나라의 간섭에서 벗어난 후에도 권문세족의 부패는 계속되었고, 홍건적과 왜구의 침입으로 백성의 삶은 더욱더 어려워졌습니다.

이런 상황에서 정도전을 중심으로 한 신진 사대부들은 성리학을 바탕으로 백성을 위한 민본주의적 개혁을 추구했습니다. 이들은 왜구와 홍건적을 물리치며 공을 세운 이성계와 연합하여 변화의 기틀을 마련했지요.

1388년, 결정적인 전환점이 된 위화도 회군이 일어났습니다. 명나라의 요동 지역 반환 요구에 대응해 우왕과 최영이 요동 정벌을 추진하자, 이성계는 압록강 위화도에서 군대를 돌려 개경으로 돌아와 정권을 장악했습니다.

정권을 잡은 이성계와 신진 사대부들은 '과전법'을 시행하여 토지 제도를 개혁했어요. 권문세족이 독점하던 토지를 나누어 그들의 경제적 기반을 약화시키고, 새로운 지배층에게 경제적 토대를 마련해 주기 위한 조치였습니다.

이때 개혁의 방향을 두고 정몽주와 정도전으로 대표되는 두 노선이 대립했습니다. 1392년에 고려 왕조를 유지하며 개혁을 추구하려던 정몽주가 선죽교에서 암살되자, 이성계는 고려 왕조를 완전히 무너뜨리고 새 나라 조선을 세웠습니다. 1394년에는 수도를 한양으로 옮기고, 정도전을 중심으로 관료들은 유교 이념에 바탕을 둔 국가 제도와 법률을 정비했지요.

조선의 건국은 단순한 왕조 교체를 넘어 '백성이 나라의 근본'이라는 민본주의 이념을 실현하고자 한 역사적 도전이었습니다. 민본주의적 국가 체제는 유교적 가치와 제도로 구체화되어 조선 왕조의 근간이 되었지요.

조선 시대의 역성혁명과 현대 사회의 탄핵

조선 건국은 기존 왕조를 무너뜨리고 새로운 왕조를 세운 대표적인 '역성혁명'입니다. 이는 부패하고 무능한 권력을 강제로 교체했다는 점에서 오늘날 민주 사회에서 이루어지는 '탄핵'과 일맥상통하는 부분이 있어요.

물론 두 방식은 매우 다릅니다. 조선 건국은 무력과 정치적 숙청을 동반한 비합법적이고 혁명적인 과정이었습니다. 반면에 현대 사회의 탄핵은 헌법과 법률에 따라 고위 공직자의 중대한 위법 행위나 직무 유기를 심판해, 합법적으로 직위에서 해임하는 제도적인 절차입니다.

그럼에도 두 사건의 본질적인 공통점은 분명합니다. 바로 '국민(백성)의 삶을 위협하고, 국가의 근본을 흔드는 부패하고 무능한 권력을 더 이상 용납할 수 없다'는 시대적 요구가 반영되었다는 점이지요.

조선의 건국은 당시 백성들의 고통을 외면한 고려 왕조에 대한 불만과 새로운 사회를 바라는 열망이 폭발한 결과였습니다. 그렇다면 현대의 탄핵은 어떤가요? 2025년 4월 4일에 있었던 윤석열 대통령 탄핵 인용 선고의 결정문에서 이렇게 말합니다.

"헌법과 법률을 위배하여, 헌법 수호의 책무를 저버리고 민주 공화국의 주권자인 대한 국민의 신임을 중대하게 배반하였다. 그러므로 피청구인을 대통령직에서 파면한다."

이처럼 탄핵은 국민의 신뢰를 저버린 지도자에 대한 엄정한 심판이자, 민주주의 사회에서 권력 남용을 견제하고 책임을 묻는 중요한 제도적 장치입니다.

　결국 조선의 역성혁명과 현대의 탄핵은 부패한 권력을 교체하고 국가의 안녕을 도모하려는 인류의 보편적인 열망을 보여 주는 역사적 사례라고 할 수 있지요. 지도자를 바꾸는 방식과 절차는 시대에 따라 달라졌지만, 지도자의 책임과 주권은 국민에게 있다는 핵심 가치는 변함없이 이어지고 있습니다.

　이러한 역사적 흐름은 통치자가 마땅히 짊어져야 할 책임의 무게와 그 책임을 묻는 국민의 권리가 얼마나 소중한지 다시 한번 일깨워 줍니다.

명분보다 생존, 의리보다 실리를 택한

최명길

바른 사람은 자신의 마음을 믿습니다.
다른 사람의 비난이나 칭찬은
단지 외부의 소리에 지나지 않습니다.

최명길 초상

조선의 문관 최명길은 깊은 숨을 내쉬며 떨리는 손을 진정시켰습니다. 그리고 온 힘을 다해 한 글자 한 글자 상소문을 써 내려갔습니다.

분명 이 상소문을 두고 격렬한 논쟁이 벌어질 것이라는 사실을 잘 알고 있었습니다. 조정 대신들이 최명길에게 청에 나라를 갖다 바치려 한다며 온갖 비난을 퍼붓겠지만, 그는 물러설 수가 없었습니다. 나라와 백성들을 지키기 위해서라면 무슨 수를 써서라도 전쟁만큼은 반드시 막아야 했으니까요.

전쟁을 막기 위한 상소문

"바른 사람은 자신의 마음을 믿습니다. 내가 내 마음에서 잘못을 찾아도 부끄러움이 없다면, 다른 사람의 비난이나 칭찬은 그저 외부의 소리일

뿐입니다."

　최명길은 외부의 평가나 공격에도 결코 자신의 신념을 굽히지 않기로 결심했습니다. 그는 떨리는 붓끝을 다시금 다져 잡고, 인조에게 올리는 글을 한 글자 한 글자 힘주어 써 내려갔습니다.

　"나라의 힘은 다 되어 가고 오랑캐의 병력은 오히려 강하니, 몇 해라도 화를 늦추어야 합니다. 시간을 벌어 좋은 정책을 펴고, 백성들의 마음을 수습해야 합니다. 성을 쌓고 식량을 넉넉히 준비하여 국경의 수비를 더욱 단단히 하면서, 저들의 빈틈을 엿보는 것이 우리의 전략입니다."

　최명길은 1586년에 증조할아버지 때부터 대대로 중앙 관직을 역임한 정치적으로 영향력 있는 집안에서 태어났습니다. 어려서는 아버지에게 글을 배웠고, 그 뒤에는 이항복과 김장생 등 여러 스승 밑에서 가르침을 받았습니다.

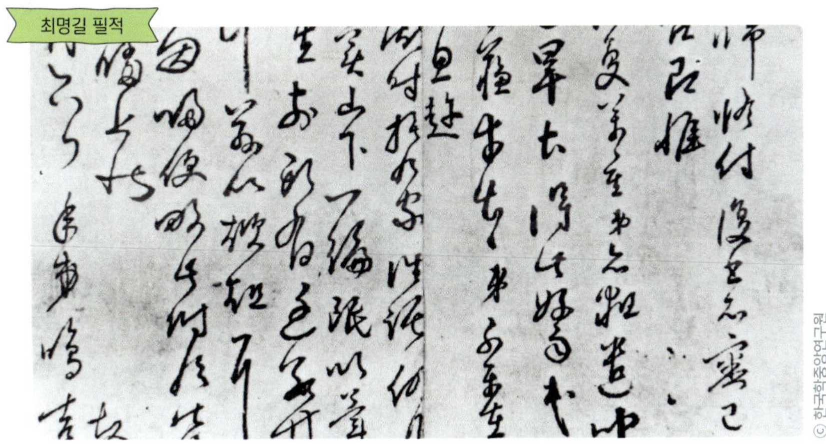

최명길 필적

다양한 가르침을 받은 덕분에 최명길은 한 가지 생각만이 정답은 아니며, 사람마다 관점에 따라 생각이 다를 수 있다는 유연한 사고방식을 가지게 되었지요. 거기에 글을 짓는 능력이 무척 뛰어나 이름을 널리 알렸고, 글씨 또한 빼어나 많은 사람들의 칭송을 받았습니다.

스무 살에는 과거에 합격하여 관직에 올라 중요한 직책을 맡았습니다. 그리고 1623년에 인조를 왕으로 세우는 인조반정에 참여하여 공을 세웠지요. 이후 이조 판서와 호조 판서 등 조정의 핵심 요직을 두루 거치며 실력 있는 정치가로서 입지를 굳혔습니다.

청의 무리한 요구 앞에서

1627년 정묘년, 후금의 군대가 조선의 국경을 넘어왔습니다. 말을 타고 빠른 속도로 진격한 그들은 조선의 방어선을 단숨에 뚫고 들어와 백성들을 짓밟았습니다. 마을은 금세 불길에 휩싸였고, 전투의 혼란 속에서 백성들은 필사적으로 피난길에 올랐습니다.

결국 조선은 후금의 압도적인 힘을 인정할 수밖에 없었고, 후금은 조선과 형제 관계를 맺는 조건으로 침략을 멈추기로 약속했습니다.

하지만 후금은 국호를 청으로 바꾼 뒤 태도가 달라졌습니다. 청에 선물을 바치고 황제의 나라로 받들라며 강압적인 요구를 해 왔지요. 이를 받아들이지 않으면 다시 침략하겠노라고 협박해 오자, 조선의 조정에서는 격렬한 논쟁이 벌어졌습니다.

그 당시 왕이었던 인조는 광해군을 폐위시키고 즉위했습니다. 광해군은 명과 후금 사이에서 어느 편에도 서지 않는 중립 외교를 펼쳤지만, 임진왜란 때 도움을 받았던 명에 대한 의리를 지키지 않았다는 이유로 왕의 자리에서 물러나야 했지요.

따라서 인조와 조정 대신들은 명에 대한 의리를 내세우며 청의 요구를 거부할 수밖에 없었습니다. 이들은 '청과의 화의를 배척한다'는 뜻의 척화론을 주장했습니다.

반면에 최명길은 청의 요구를 받아들여야 한다고 주장했습니다. 조선은 현실적으로 국력이 약해 청과 맞서 싸우기 어렵고, 척화를 주장하면 전쟁이 일어나 국토가 훼손되고 죄 없는 백성이 희생될 수 있다는 이유에서였습니다.

그는 우선 청을 달래어 왕실과 백성을 안정시킨 후, 힘을 길러 대응하는 것이 바람직하다고 보았지요. 이러한 입장을 '화의를 주장한다' 하여 주화론이라고 합니다.

대다수가 청과의 전쟁을 주장할 때, 최명길은 홀로 청의 요구를 받아들이자고 하면서 자신의 소신을 꿋꿋이 지켰습니다.

최명길이 주장한 주화론은 받아들여지지 않았고, 결국 청이 조선을 침략하는 '병자호란'이 일어났습니다. 1636년 겨울, 청군의 진격은 예상보다도 훨씬 빨랐습니다. 왕자와 왕실 가족, 대신들은 서둘러 강화도로 피신했지만, 인조는 늦게 출발하여 청군의 포위망에 갇히고 말았습니다.

최명길은 강화도로 가는 길이 막혔다는 소식을 듣고는 목숨을 걸고 적군의 진영으로 뛰어들었습니다. 그리고 정묘년의 조약을 내세우는 걸로 시간을 벌어 청군의 진격 속도를 늦추었습니다.

그 덕분에 인조는 남한산성으로 무사히 들어가 항전을 시작할 수 있었지요. 만약 최명길이 청군을 찾아가 시간을 벌지 않았다면, 인조는 길 위에서 청군에게 붙잡혔을지도 모릅니다.

얼마 안 가, 남한산성도 청군에게 포위당했습니다. 항전 중에도 최명길은 계속해서 화의를 주장했습니다. 나라를 보존하기 위해서는 그나마 가

남한산성 행궁

장 유리한 조건으로 조약을 맺는 것이 최선이라고 생각했기 때문입니다.

하지만 상황은 더욱더 절망적으로 변해 갔고, 조선 조정은 남한산성에서 47일간을 버텼습니다. 물자가 턱없이 부족한 데다, 각지에서 왕을 구하겠다고 올라오던 군사는 힘없이 무너졌습니다. 전쟁에서 조선이 승리할 가능성은 거의 보이지 않았지요. 결국 조선은 청에 굴욕적인 항복을 할 수밖에 없었습니다.

⭐ 신념을 지킨 용기 있는 조정자

전쟁이 휩쓸고 간 조선에는 해결해야 할 일들이 많았습니다. 최명길은 영의정으로 임명되어 전쟁을 뒷수습하고 민심을 다독였습니다.

한편, 청은 명을 침략하기 위해 1차로 조선에 군사를 요청했습니다. 최명길은 청의 요구를 막기 위해 직접 사절단을 이끌고 청에 다녀왔습니다. 2차 조선 군사 동원 요구에 대해서는 징발된 군사들의 행군 시기를 늦추는 방법으로 사실상 거부하는 전략을 사용했습니다. 이에 대한 해명과 추가 군사 징발을 막기 위해 나선 사람도 최명길이었습니다.

조선 조정이 청에 항복한 전후 상황을 명에 알리려 한 사실이 발각되었을 때도 최명길은 청에 붙잡혀 감옥에 갇히며 재상으로서 책임을 다했습니다. 또한 그는 조선인 포로들을 속환하여 데려오는 일을 조정에 적극적으로 건의하고, 결국 이를 성사시켰습니다.

그 당시 조선의 선비들은 항복 문서를 작성했다는 이유로 오랜 시간 최

청주에 있는 최명길 묘

명길을 배척했습니다. 척화론자인 김상헌은 최명길을 비난하며 그가 작성한 항복 문서를 찢어 버리기까지 했지요.

그러나 오늘날에는 최명길을 국가적 위기 상황에서 실리를 중심으로 조선과 청 사이를 조율하려 했던 유능한 조정자로 평가하고 있습니다. 당시 조선이 처한 현실을 제대로 파악하고, 다수의 의견과 다른 목소리를 내는 용기를 보였기 때문입니다. 그런 최명길의 외교적 판단은 장기적으로 조선의 안정과 발전에 기여했습니다.

최명길은 앞에서는 관료들의 비난을 받고, 뒤에서는 상소를 올려 책임을 추궁당하는 어려운 상황 속에서도 끈질기게 자신의 주장을 밀어붙였습니다. 그리고 자신의 주장에 끝까지 책임을 다했습니다. 이는 타인의 평가에 흔들리지 않고, 자신의 생각과 판단을 굳게 믿었기 때문에 가능한 일이었습니다.

여러분도 타인의 의견에 휘둘리지 않고, 자신의 신념을 믿고 지켜 나가
는 용기를 가지기를 바랍니다. 진정한 인격은 자신의 신념을 지키고, 어려
운 상황에서도 흔들림 없이 나아갈 때 더욱 성장할 수 있으니까요.

▶ 명분이냐 실리냐, 그것이 문제로다_척화론과 주화론

척화론과 주화론은 조선 시대에 외교 문제를 두고 나뉜 두 가지 상반된 입장입니다. 이는 당시 조선이 처한 문제를 어떻게 해결할 것인지, 어떤 가치를 우선해야 하는지를 두고 벌어진 논쟁이었습니다. 이제 척화론과 주화론을 '명분'과 '실리'의 관점에서 조금 더 자세히 살펴볼까요?

척화론은 외세에 맞서 싸워 조선의 자주성을 지켜야 한다는 입장입니다. 척화론자들은 조선이 명에 충성을 다하고, 청과는 협상을 해서는 안 된다고 주장했습니다. 그들은 조선이 오랫동안 섬겼던 명을 배신하고 청에 굴복하는 것은 나라의 명예를 잃는 것이라고 생각했으니까요. 즉, 조선의 명분을 지키기 위해서라면 실리를 포기해야 한다고 믿었던 것입니다.

반면, 주화론은 청과 협상을 통해 전쟁을 피하고 조선의 생존을 도모해야 한다고 주장했습니다. 주화론자들은 청의 세력이 강해지고 명의 힘이 약해지는 상황에서, 명분을 지키는 것보다 백성과 나라를 지키는 실질적인 이익을 추구하는 것이 더 중요하다고 보았습니다.

결론적으로 척화론과 주화론은 조선이 처한 역사적 맥락 속에서 명분과 실리의 갈등이 드러난 것이었습니다. 조선은 명분과 실리 사이에서 어떤 선택을 하느냐에 따라 국가의 운명이 달라질 수 있었지요.

이러한 역사적 상황은 지금의 우리에게 중요한 교훈을 줍니다. 때로는 옳다고 믿는 원칙과 현실적인 이익 사이에서 균형을 찾는 지혜가 필요하다는 것, 그리고 자신의 신념을 지키되 그 결과에 대한 책임도 함께 져야 한다는 사실을 깨우치게 하지요.

▶ 병자호란 뒤 조선에 일어난 변화

1592년에 일어난 임진왜란의 혼란이 채 가시기도 전에, 조선은 1636년에 병자호란이라는 또 한 번의 큰 전쟁을 겪습니다. 이 전쟁은 조선 사회에 큰 변화를 가져왔는데요. 우선 병자호란 후, 조선은 청과 군신 관계를 맺고 명과의 관계를 완전히 끊었습니다. 해마다 청에 많은 조공을 바쳐야 했고, 소현 세자와 봉림 대군 등 왕족이 인질로 끌려갔지요.

조선은 피폐해진 나라를 다시 세우고 외세의 위협에 대비할 수 있도록 체제를 개편했습니다. 전쟁 중 정치 운영의 중심이 되었던 '비변사'가 최고 통치 기구로 자리를 잡았지요. 원래 나랏일을 맡던 의정부와 6조의 기능이 줄어들면서 왕권도 함께 약해졌습니다.

군사 제도도 크게 바뀌었습니다. 전쟁에 강한 군대의 필요성을 절실히 느낀 조선은 전쟁 중 수도와 외곽을 방어하기 위해 훈련도감을 설치하고, 그것을 중심으로 오군영 체제를 구축했습니다. 평소에는 생업에 종사하다가 전쟁이 나면 소집하는 속오군도 조직했고요.

사회 질서와 신분 제도 역시 크게 흔들렸습니다. 전쟁에서 공을 세운 사람들은 신분 상승의 기회를 얻었고, 농업과 상공업이 발달하면서 부유해진 몇몇 농민들은 공명첩(국가의 재정이 궁핍할 때 곡식을 바치는 사람에게 명목상의 관직을 주는 것)을 사거나 족보를 위조해 양반 행세를 하기도 했습니다.

반대로 일부 양반들은 몰락해 상민과 다름없는 처지가 되기도 했지요. 이 틈에 여러 사회 문제를 해결하기 위해 실용을 중시하는 학문인 실학이 새롭게 등장했습니다.

　무엇보다 연이어 일어난 전쟁은 조선 사회에 깊은 상처를 남겼습니다. 수많은 백성들이 목숨을 잃거나 다쳤고, 농경지와 마을이 불에 타 황폐해졌습니다. 소중한 국가유산도 불타거나 약탈당했으며, 많은 이들이 포로로 끌려가 가족과 생이별을 했습니다.

　병자호란의 아픈 기억 속에서 조선은 평화의 중요성을 깨닫고 새로운 변화를 모색했지요. 이처럼 역사의 상처는 우리가 지켜 나가야 할 평화의 가치를 끊임없이 일깨워 줍니다.

⋮ 현대의 '줄타기 외교'와 조선의 '실리 외교'

우리나라는 지리적으로 아주 특별한 위치에 있습니다. 중국과 일본 같은 강대국들이 주변을 둘러싸고 있지요. 이 나라들은 자신들의 이익을 위해 서로 경쟁하거나 협력하면서 국제 정세를 복잡하게 만듭니다.

이런 상황 속에서 우리나라는 어느 한쪽 편만 들 수도 없고, 그렇다고 가만히 있을 수도 없습니다. 한 나라에만 치우치면 다른 나라와의 관계가 나빠지고, 아무 행동도 하지 않으면 이익을 얻기 어려워지지요. 그래서 마치 팽팽한 줄 위를 걷는 것처럼 신중하고 균형 있게 외교를 해야 합니다. 이런 외교 방식을 '줄타기 외교'라고 부릅니다.

오늘날 우리 외교에서 가장 민감한 줄타기는 미국과 중국 사이에서 벌어지고 있습니다. 미국은 우리나라의 오랜 동맹국으로, 안보를 함께 지키는 핵심 국가입니다. 반면에 중국은 한국의 최대 무역 파트너로 경제적으로 떼려야 뗄 수 없는 최대 교역국이지요. 문제는 이 두 국가가 경제·기술·군사 등 여러 분야에서 치열하게 경쟁하며 갈등을 빚고 있다는 점이에요.

그 사이에서 우리나라는 어느 한쪽으로 완전히 기울지 않는 균형 잡힌 관계를 유지하며, 국가의 이익을 최대한 확보하려는 외교 방식을 택하고 있습니다.

조선 시대에도 나라의 운명을 좌우할 만큼 치열한 '줄타기 외교'가 존재했습니다. 병자호란은 명과 청 사이에서 어느 편에 설 것인가를 놓고 벌어진 외교적 갈등에서 비롯되었다고 해도 틀린 말이 아닙니다.

　지금 우리나라가 미국과 중국 사이에서 균형을 유지하려는 '줄타기 외교'와 조선 시대 최명길의 '실리 외교'는 국민의 삶과 국익을 최우선으로 고려한다는 점에서 공통점을 지닙니다.

　여기서 중요한 점은 어느 쪽이 국민과 나라를 위한 것인지 현명하게 판단해서 움직여야 한다는 것입니다. 지금도 여전히 미국과 중국, 일본 등 여러 나라 사이에서 아슬아슬하게 줄타기를 하고 있지요. 언뜻 보면 외교란 나하고 동떨어진 일 같지만, 알고 보면 우리 삶과 긴밀하게 이어져 있어요. 앞으로 국제 관계와 외교에 조금만 관심을 가져 보는 거 어때요?

끝없는 학문의 탐구로
백성의 세상을 연

정조

총명함은 사람마다 다르다.
끝끝내 지키는 자가 배움으로써
자신의 본질을 밝힐 수 있다.

《중학교 역사 2》 12. 조선 사회의 변동 ㅣ 《고등학교 한국사 1》 1. 근대 이전 한국사의 이해

정조 초상

고요한 밤, 조선의 왕자 이산은 책을 들여다보고 있었습니다. 긴장과 불안이 그의 마음을 무겁게 짓눌렀습니다. 누군가 자신을 죽이려는 것 같다는 생각에 가장 가까이에서 지내는 궁녀와 내시조차 믿을 수가 없었습니다. 그들에 의해 매 순간 행동 하나하나를 감시당하고 있었으니까요. 이산은 두려움에서 벗어나기 위해 매일 밤늦게까지 책 속에 빠져들어 읽고 또 읽었습니다.

그때 방 안으로 한 남자가 불쑥 들이닥쳤습니다. 검은 옷을 입고 얼굴을 가린 남자는 말없이 이산을 향해 칼을 휘둘렀습니다. 이산이 재빨리 몸을 피하자, 날카로운 칼날에 작은 상이 반으로 갈라졌습니다.

"누가 보냈느냐?"

이산의 말이 채 끝나기도 전에 두 번째 칼날이 날아들었습니다. 이산의 머릿속은 혼란으로 가득 찼고, 심장은 터질 듯이 빠르게 뛰었습니다. 그제서야 세손을 호위하는 무사들이 방으로 급히 뛰어 들어왔습니다.

자객은 작은 문을 통해 재빨리 밖으로 달아났지요. 온몸에 힘이 풀린 이산은 그 자리에 맥없이 주저앉았습니다. 바닥에는 죽일 '살(殺)' 자가 적힌 종이 한 장이 떨어져 있었습니다. 목숨을 위협받는 상황 속에서 이산은 조선을 바로 세우는 왕이 되겠다고 굳게 다짐했습니다.

"나를 죽이려는 자들이 두려워할 만큼 훌륭한 왕이 되어 보겠다."

비극적인 운명을 맞은 사도 세자의 아들 이산. 그는 훗날 조선의 제22대 왕 정조가 되었습니다.

학문으로 시련을 극복하다

이산은 사도 세자와 혜경궁 홍씨 사이에서 둘째 아들로 태어났습니다. 그가 열한 살 되던 해, 사도 세자는 할아버지 영조에 의해 쌀을 담는 뒤주에 갇혀 비참한 죽음을 맞이했습니다. 정치적 갈등, 사도 세자의 정신적 문제, 부자 간의 깊은 오해가 비극을 불러온 것이지요. 그 후 이산은 영조의 맏아들 효장 세자의 양자가 되어 왕위 계승의 정당성을 인정받습니다.

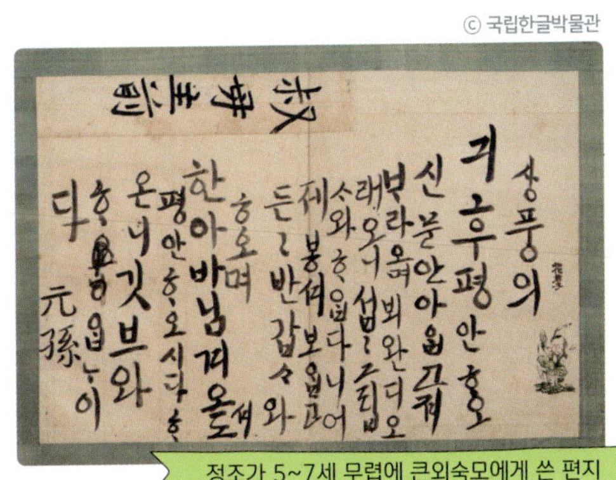

ⓒ 국립한글박물관

정조가 5~7세 무렵에 큰외숙모에게 쓴 편지

사도 세자의 죽음은 아들인 이산의 삶에 큰 부담이 되었습니다. 사도 세자를 죽음으로 몰고 간 세력은 그의 아들 이산이 왕위에 오르는 것을 원하지 않을 테니까요. 이산은 옷을 벗고 편히 잠들지 못할 정도로 매일매일 불안해했고, 실제로 방에서 자신을 죽이겠다는 익명의 편지가 발견하기도 했습니다. '역적의 아들은 왕이 될 수 없다.'는 말이 세간에 떠돌았고, 한 나라의 세손임에도 불구하고 권위를 세우기가 힘들었습니다.

왕위에 오른 뒤에도 정조를 노리는 암살 위협은 계속되었습니다. 이런 극한의 위기 상황에서 정조가 선택한 생존 전략이자 힘의 원천은 바로 '학문'이었어요. 목숨이 위협받는 불안한 상황 속에서도 매일 밤 독서와 공부에 몰두했고, 이를 통해 흔들리지 않는 정신력을 길러 냈습니다. 동시에 무예를 익혀 체력을 다지며 자신을 지킬 힘도 길렀습니다.

정조에게 학문은 단순한 지식을 쌓는 일이 아니라, 혼란스러운 현실 속에서 방향을 잡고 미래를 준비하는 생존 도구였어요.

역경을 학문으로 이겨 낸 경험은 정조의 통치 철학에 깊은 영향을 미쳤습니다. 왕이 된 후에도 공부를 멈추지 않았고, 그 결과 신하들보다 훨씬 더 뛰어난 학문 수준을 갖추게 되었습니다. 본래 '왕이 신하들로부터 학문을 배우는' 경연 시간이 '왕이 신하들을

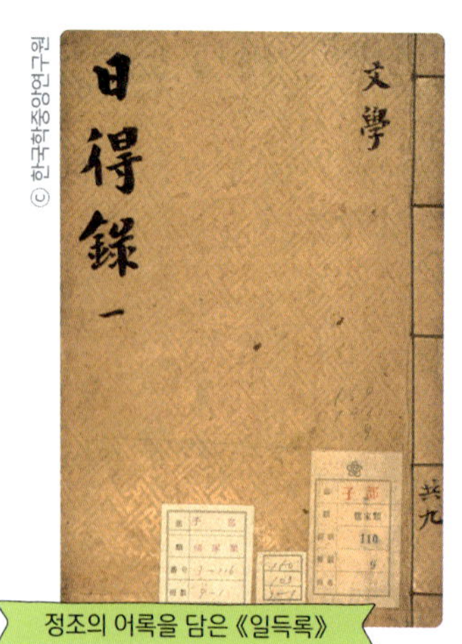

정조의 어록을 담은 《일득록》

가르치는’ 시간으로 바뀔 정도였으니까요. 이렇게 다진 학문과 지식을 바탕으로 정조는 왕실 도서관인 규장각을 설립하여 지식의 중심지로 만들었습니다.

✨ 인재를 알아보는 뛰어난 안목

"총명함은 사람마다 달라서 처음에는 둔한 것처럼 보여도 끝끝내 지키는 사람이 배움으로써 자신의 본질을 밝힐 수 있다."

이러한 생각으로 정조는 꾸준한 배움을 통해 실력을 키운 인재들을 적극적으로 찾아내고 등용했습니다. 자신이 배움으로 역경을 이겨 낸 것처럼, 능력 있는 이들이 신분이나 당파의 벽에 가로막히지 않도록 길을 열어 준 것이지요.

김홍도나 박제가처럼 뛰어난 재능을 가진 이들이 중인이나 서얼 출신이라는 이유로 묻히지 않고 빛을 발할 수 있었습니다. 그 당시 서얼은 과거 시험 응시에 제한이 있을 만큼 사회적으로 차별받던 계층이었지만, 정조는 그들의 학식과 능력을 높이 평가하고 중요한 직책을 맡겼지요. 정약용, 이덕무, 유득공 등 수많은 인재가 활약할 수 있었던 것은 바로 그의 인재관 덕분이었습니다.

정조는 당파를 가리지 않고 능력으로 관리를 등용하는 탕평 정치를 펼쳐 백성들을 위한 수많은 개혁 정책을 추진했습니다. 자신이 극한의 위기를 학문과 끈기로 극복한 경험이 있었기에, 시련 속에서도 포기하지 않고 배움을 지속한 인재들의 가치를 누구보다 잘 알았던 것입니다.

⭐ 어느 한쪽으로 치우치지 않는 탕평 정치

힘든 세월을 견뎌 내고 왕이 된 정조는 왕권을 견고히 다졌습니다. 자신을 위협했던 세력에게 복수할 수도 있었지만, 그 어느 편에도 치우치지 않는 탕평의 길을 선택했습니다.

"원한을 품은 자는 결코 큰 그릇이 될 수

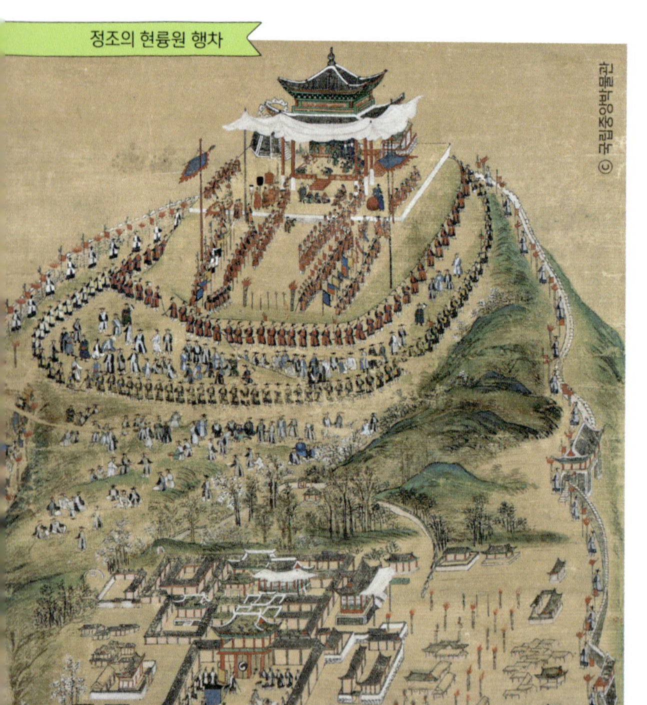

정조의 현륭원 행차

수원 화성의 야경

없다.”

　‘탕평’이란 임금이 사사로운 이익이나 붕당에 휘둘리지 않고 공평하게 정치를 펼친다는 뜻입니다. 정조는 관리를 선발할 때 그 사람이 어느 당파에 속했는지보다는 능력과 자질을 중심으로 판단했습니다. 나아가 자신을 반대하던 세력과도 기꺼이 협력했습니다.

　심지어 자신을 왕으로 인정하지 않았던 반대 세력의 우두머리 심환지와도 비밀리에 편지를 주고받으며 정책을 조율했습니다. 자신의 뜻을 이루면서도 심환지의 체면을 살려 주는 치밀한 정치술을 발휘했던 것이지요.

　정조는 탕평 정신을 바탕으로 붕당과 신분의 경계를 넘어서며 과감한 개혁을 추진했습니다. 《대전통편》을 편찬해 법질서를 정비하고, 규장각을 세워 학문과 정책 연구의 중심지로 삼았습니다.

　또한 수원에 화성을 건설하도록 지시했습니다. 수원은 정조가 왕으로 즉위하면서 아버지 사도 세자의 시호를 장헌 세자로 높이고, 무덤인 현륭원을 조성하여 명예를 회복시키려 한 곳입니다.

화성은 교통의 요지라는 지리적 이점으로 상업과 국방의 중심지로 발전했고, 정조는 이곳을 기존 정치 세력의 영향력에서 벗어나 자신의 개혁 정치를 실행하는 무대로 삼았습니다.

백성을 사랑한 애민 군주

정조의 정치에서 가장 빛나는 점은 바로 백성을 향한 깊은 사랑과 배려였습니다. 정조는 버려진 아이들이 안전하게 성장할 수 있도록 제도를 마련하고, 남녀의 혼인을 돕는 정책을 만드는 등 사회적 약자를 위한 개혁을 추진했어요. 또한 노비들의 처우를 개선하고 도망간 노비를 찾아 가혹하게 처벌하지 못하도록 금지했습니다.

화성을 건설하는 과정에서도 백성을 향한 사랑은 여지없이 드러났습니다. 백성들의 집이 강제로 철거되는 상황을 걱정하여 장안문으로 향하는 길을 우회하도록 지시하기까지 했습니

정조의 국장 장면을 기록한 〈정조 국장 도감 의궤〉

다. 조정 대신들이 백성을 강제로 동원하자고 제안했을 때도 이를 단호히 거부했고요. 대신에 농민들을 정식으로 고용하여 임금을 지급했지요.

또 농사철에 백성들이 오랜 시간 화성 건설 공사에 매달리는 것을 걱정하여 정약용에게 효율적인 기구를 고안하도록 지시했습니다. 그 결과 거중기와 같은 혁신적인 기계를 만들어 노동력과 공사 기간을 크게 줄였지요.

정조는 자신이 겪었던 고난과 시련을 통해 타인의 아픔을 더 깊이 이해하고, 이를 바탕으로 모든 이에게 공정한 기회를 주고자 노력했습니다.

어려운 환경 속에서도 배움을 향한 그의 열정과 끈기는 조선의 정치와 문화를 새롭게 변화시키는 원동력이 되었습니다. 정조의 이야기는 오늘을 살아가는 우리에게도 역경을 이겨 내는 힘과 더 나은 세상을 만들어 갈 지혜를 전해 줍니다.

▶ 정조가 직접 만든 지식 플랫폼, 규장각

정조가 즉위한 후 가장 먼저 한 일은 **규장각**을 왕실 도서관으로 개편하는 것이었습니다. 1776년, 창덕궁 뒤편 정원에 세워진 규장각은 크게 네 가지 중요한 역할을 담당했습니다.

첫째, 역대 국왕이 지은 시와 글, 지도, 의궤 등 방대한 자료를 수집·보관하는 도서관으로, 수만 권에 달하는 서적을 소장했습니다. 둘째, 유능한 학자들이 모여 연구하는 학문 기관이었습니다. 셋째, 국왕을 가까이에서 보좌하며 정책을 제안하고 자문을 제공하는 정책 연구소 역할을 했습니다. 넷째, 젊고 유능한 인재들을 발굴하고 교육하는 인재 양성소였습니다.

정조는 학문을 단순한 취미가 아니라 '의리를 밝히고 흐트러진 정치를 개혁하는 길'로 여겼습니다. 그는 직접 규장각에서 경전을 강론하고, 신하들과 토론하며, 젊은 관료들을 일일이 지도했지요.

또한 '초계문신제'라는 인재 양성 제도를 통해 유능한 인재들을 직접 선발한 뒤, 규장각에서 체계적으로 교육하고 실무 경험을 쌓게 했습니다. 이들은 단순히 책만 읽는 데 그치지 않고, 정책 초안 작성, 현안 토론 등 실무와 교육이 결합된 실전형 학습을 통해 성장했습니다. 이러한 결과로 규장각에서는 《대전통편》, 《일성록》 등 다양한 분야의 책을 편찬했습니다.

규장각은 마치 오늘날의 연구소나 학습 플랫폼처럼, 당대 최고의 지식과 인재들을 한데 모아 제 역량을 발휘해 충분히 세상을 탐구할 수 있는 환경을 마련한 것이지요. 정조가 만든 혁신적인이 지식 공간은 실력으로 평가받고 함께 배우는 것이 얼마나 중요한지를 보여 준 역사적 사례라 할 수 있습니다.

▶ 붕당의 폐해와 탕평 정치

조선 중기 양반들은 학문과 정치적 견해가 같은 사람들끼리 자연스럽게 모여 '붕당'을 만들었습니다. 16세기 중엽에는 동인과 서인으로 갈라졌다가, 이후에는 남인, 북인, 노론, 소론 등 넷으로 나뉘었습니다. 붕당 정치 초기에는 정책을 놓고 경쟁하고 견제하는 공론 정치의 성격을 띠었지요.

그러나 현종 때 두 차례의 예송 논쟁이 일어나면서 붕당 간의 사이가 몹시 나빠졌는데요. 예송 논쟁은 효종이 세상을 떠난 뒤 상복을 몇 년 입어야 하는지를 두고 벌어진 다툼이었습니다.

겉으로는 상복에 관한 갈등인 것 같지만, 실제로는 왕의 위상에 관한 논쟁이었습니다. 보통은 왕이 정하면 그만인 것인데, 논쟁이 일어났다는 사실 자체가 그만큼 사대부의 힘이 강해졌다는 뜻이 되니까요. 숙종 대에 이르러서는 집권 붕당이 여러 차례 바뀌면서(환국) 붕당 간 갈등이 더욱 심해졌습니다.

영조는 붕당 정치의 폐단을 바로잡기 위해 탕평책을 적극적으로 실시했습니다. 탕평 정신을 담은 글을 발표하고 탕평비를 세워 자신의 의지를 분명히 했지요.

그리고 붕당의 근거지로 변질된 서원을 대폭 정리했어요. 붕당 사이의 갈등 요인이었던 이조 전랑의 권한을 크게 약화시켰고요. 이조 전랑은 판서·참판·참의의 당상관 이하 이조의 인사권을 가지고 있었는데요. 특정 당파의 인사를 천거해 분쟁을 일으키기도 했고, 중요한 직책인 만큼 자리 다툼도 큰 문제로 떠올랐습니다.

정조는 영조의 탕평 정치를 계승해 더욱더 적극적으로 발전시켰습니다.

그는 노론·소론·남인 등 각 붕당의 인재를 고루 등용했습니다. 1776년에는 규장각을 설치하여 학문 연구, 정책 자문, 인재 양성의 핵심 기관으로 삼은 뒤, 서얼 등 신분과 당파를 초월해 인재를 등용했지요.

그 결과 실학을 중심으로 한 다양한 학문이 눈부시게 발전하고, 수많은 편찬 사업이 활발히 이루어지면서 조선의 문화적 황금기를 이끌었어요.

정조가 세상을 떠난 뒤 세도 정치가 등장하면서 그 성과가 약화되긴 했지만, 탕평 정치는 국왕 중심의 국정 운영, 공정한 인재 등용, 실학 진흥, 사회 개혁 등으로 이어지며 조선 후기 문화 발전과 사회 변화의 토대가 되었습니다.

조선에도 공정 거래법이 있었다고?

조선 시대에도 우리가 흔히 가게라고 하는 '시전'과 노점상과 같은 '난전'이 있었습니다. 그중 일부 시전 상인들은 나라로부터 허가를 받아, 특정 물건을 독점적으로 판매할 수 있는 권한을 가졌는데요.

이때 난전을 금지할 수 있는 권한까지 주어졌어요. 이를 '금난전권'이라고 불렀습니다. 지금으로 치면, 일부 대기업이 특정 제품을 독점적으로 생산하고 유통할 수 있는 권한을 가진 것과 비슷하지요.

그런데 금난전권으로 어떤 문제가 생겼을까요? 물건값이 지나치게 비싸지거나 한정된 종류의 물건만 판매되는 일이 벌어졌습니다. 시전 상인들이 막아 버리니 다른 상인들은 물건을 팔수가 없었고요.

심지어 길거리에서 채소를 파는 작은 상인조차 불법으로 몰아 벌을 주었습니다. 그 피해는 고스란히 백성들에게 갔습니다. 물건을 비싼 값에 살 수밖에 없었으니까요.

정조는 이를 바로잡기 위해 1791년에 '신해통공'이라는 개혁 정책을 발표했습니다. '육의전'이라고 불리는 여섯 개의 핵심 시전을 제외하고는, 모든 시전 상인들에게서 금난전권을 없앤 것이지요. 이 정책 덕분에 일반 상인들도 자유롭게 장사를 할 수 있게 되었고, 닫혀 있던 시장의 문도 활짝 열렸습니다.

신해통공은 일부 특권층이 시장을 독점하던 불공정한 구조를 없애고, 모든 상인이 공정하게 경쟁할 수 있는 환경을 만들기 위한 첫걸음이었습니다.

오늘날 정부에서 대기업의 시장 독점을 막고, 중소기업이나 소상공인들이 피해를 보지 않도록 '공정 거래법'을 운영하는 것과도 비슷한 취지라고 볼 수 있지요.

수백 년 전에 정조는 모두가 공정하게 경쟁하고, 백성들이 더 많은 혜택을 누릴 수 있는 경제를 꿈꾸었습니다. 그의 이러한 지혜와 노력이 오늘날까지 닿아, '자유 시장 경제'와 '공정 경쟁'의 초석이 된 건 아닐까요?

실학사상으로
기술의 혁신을 불러온

아는 것을 행동으로 옮길 때
비로소 진정한 기쁨이 생긴다.

《중학교 역사 2》12. 조선 사회의 변동 | 《고등학교 한국사 1》1. 근대 이전 한국사의 이해

정약용 영정

“아유, 올해도 세금이 너무 무거워서 남는 게 없어. 당장 먹을 것도 없는데 우리 가족은 어찌하나. 관리들은 제 배만 불리고, 우리 같은 백성들은 죽으라는 것인지…….”

고단한 농부들의 얼굴에는 깊은 시름이 가득했습니다. 그리고 저 멀리에서 그들의 절절한 하소연을 가만히 듣고 있는 소박한 도포 차림의 한 남자가 있었습니다.

며칠 뒤, 조정에 한 통의 보고서가 올라왔습니다. 관리들의 횡포와 부당한 세금 징수 실태를 꼼꼼히 기록한 보고서로, 탐관오리의 부정을 낱낱이 밝히는 내용이었지요.

암행어사로서 백성들의 이야기를 직접 듣고 그들의 억울함을 대변해 준 이 젊은 관료의 이름은 바로 정약용이었습니다.

1762년, 정약용은 맑은 강물이 만나는 경기도 광주군(현재의 남양주)에서 태어났습니다. 아버지는 진주 목사를 지낸 정재원이었고, 어머니는 고산 윤선도의 후손이었습니다.

정약용은 어려서부터 책과 가까운 환경에서 자랐습니다. 사랑채에서 아버지에게 유교 경전과 역사를 배우며 일찍부터 학문에 뛰어난 재능을 보인 그는 형들과 함께 서당에 다니며 열심히 공부했습니다.

아홉 살이 되던 해 사랑하는 어머니를 여의었는데, 어머니의 다정한 손길이 그리울 때마다 책을 펼쳤지요. 슬픔이 밀려올 때면 정약용은 책장을 넘기고 또 넘기며 글 속 세상에서 마음을 달랬습니다.

쉬운 책이든 어려운 책이든 가리지 않고 읽으며 열심히 공부하던 정약용은 열다섯 살 되던 무렵에 가족들과 함께 한양으로 올라와 과거 시험을 준비했습니다.

정약용의 생가, 여유당

이때 정약용은 운명 같은 책을 만나는데요. 바로 이익이 쓴 《성호사설》이었습니다. 무려 서른 권에 달하는 이 책에는 백성들의 삶을 살피고 현실을 개선하려는 다양한 통찰과 구체적인 방안들이 담겨 있었습니다.

"학문은 이처럼 세상을 이롭게 해야 한다."

형식과 틀에 갇힌 성리학이 아니라 농사, 과학, 기술, 군사와 같은 살아 있는 지식이 빼곡히 담긴 그 책은 정약용의 철학과 사상에 매우 큰 영향을 끼쳤습니다.

백성들의 실제 생활에 보탬이 되는 기술, 실질적인 학문인 '실학'에 깊은 감명을 받은 정약용은 쓸모 있는 지식을 배우고자 다방면으로 책을 읽으며 식견을 넓혀 갔습니다. 그리하여 스물두 살에 진사 시험에 합격하고 조선 최고의 교육 기관인 성균관에 입학했지요.

성균관에서 정약용은 놀라운 실력을 보였습니다. 정조가 주관하는 시험마다 항상 최고점을 받으며 임금의 눈에 들기 시작했지요. 그의 총명함과 바른 심성을 알아본 정조는 정약용을 조정으로 불러들였습니다. 그리고 곧 정약용은 벼슬길에 올라 정조

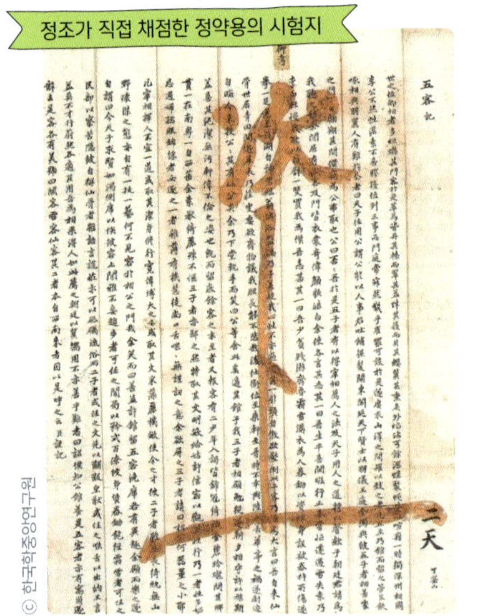

ⓒ 한국학중앙연구원

곁에서 일하게 되었지요.

한강에 배다리를 놓다

하루는 정조가 정약용에게 이런 명을 내렸습니다.

"수원에 있는 아버님의 무덤에 가려 한다. 한강을 건널 수 있도록 배다리를 놓아라."

그의 가슴속에는 작은 불꽃이 일렁였습니다.

'배운 것을 실제로 써먹어야 할 때다.'

정약용은 고개를 끄덕이며 물러나 폭이 넓은 데다 물살이 거센 한강을 건널 방법을 연구하기 시작했습니다.

그는 그동안 꾸준히 공부한 실학을 바탕으로 여러 가지 기술 서적을 탐독하고, 수십 차례 계산을 거듭하며 설계도를 그

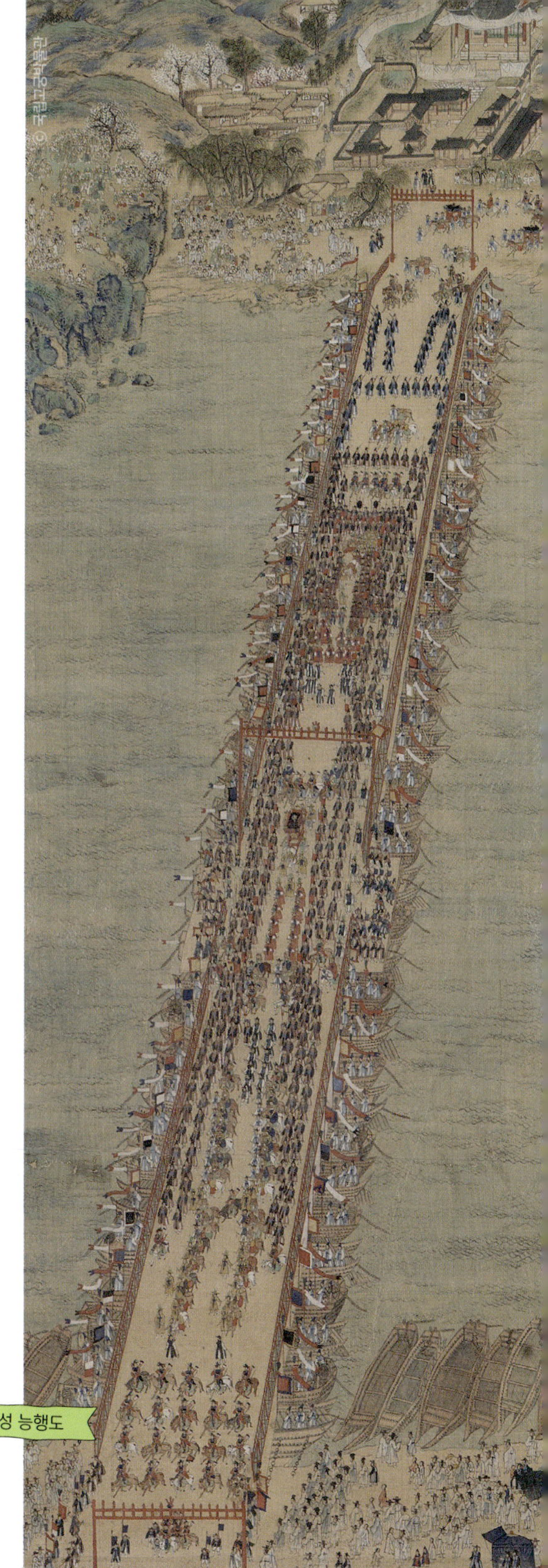

화성 능행도

《화성 성역 의궤》에 실린 거중기

렸어요. 그리고 마침내 한강에 배 80여 척을 한 줄로 이어 띄우고, 그 위에 널빤지를 깔아 한강을 가로지르는 배다리를 완성해 냈습니다.

처음 배다리를 걸어가는 사람들의 얼굴엔 긴장과 놀라움이 뒤섞였습니다. 한 사람, 두 사람, 그리고 수백 명이 다리를 지났습니다. 마침내 강물 위에서 수많은 사람들이 흔들림 없이 안전하게 한강을 건너는 데 성공했습니다. 실제로 이 배다리는 말 779필과 1,779명의 인원이 건넜다는 기록이 남아 있을 정도로 매우 튼튼했다고 해요.

정약용은 책에서 배운 지식이 실천으로 이어질 때 사람들의 삶을 변화시킬 수 있다는 사실을 누구보다 잘 알고 있었습니다.

수원 화성을 공사할 때는 책 오천여 권에 달하는 책을 뒤져 가며 지렛대와 도르래를 활용한 '거중기'를 설계했고, 방대한 고전을 탐구하여 지방관이 백성을 다스릴 때 반드시 지켜야 할 원칙과 절차를 정리한 《목민심서》를 집필하기도 했지요.

이처럼 정약용은 단순히 글로만 배우는 지식이 아니라 백성의 삶을 실질적으로 개선할 수 있는 실용적 학문을 추구한 조선의 대표적인 실학자였습니다.

✨ 다산 초당, 역경 속에서 피워 낸 실학의 꽃

정약용은 정조의 총애를 받으며 나라를 위해 힘썼지만, 유교 국가인 조선의 전통 질서와 맞지 않는 천주교 서적을 소지한 게 문제가 되어 잠시 벼슬에서 물러나야 했어요.

조용히 고향으로 돌아온 그는 자신이 머물던 집에다 '겨울 시냇물을 건너는 것처럼 조심하고 두려워하라'는 뜻의 '여유당'이라는 이름을 붙이고 학문에 정진했습니다. 이 이름에는 신중하고 겸손하며 조심스럽게 살아가겠다는 그의 다짐이 담겨 있었지요.

여유당의 작은 사랑방에서 정약용은 책을 읽고 글을 쓰며, 어떻게 하면 백성들이 더 나은 삶을 살 수 있을지 깊이 고민했습니다. 하지만 그 고요한 시간은 오래가지 않았습니다.

1800년 정조가 세상을 떠나자 정국은 순식간에 변했습니다. 이듬해인 1801년, 신유박해가 일어나며 천주교를 믿는 이들이 대대적으로 탄압받았습니다. 정약용의 셋째 형 정약종은 끝내 참형을 당했고, 둘째 형 정약전은 흑산도로, 정약용은 전라남도 강진으로 유배되었지요.

강진 앞바다가 내려다보이는 만덕산 기슭, 정약용은 그곳에 작은 초가집을 짓고 살았습니다. 그곳이 바로 '다산 초당'입니다. 유배 생활 중에도 그는 꾸준히 글을 읽고 쓰며 백성들이 살기 좋은 나라를 만들기 위해 노력했지요.

"비록 내 몸은 이 작은 초당에 갇혀 있으나 내 마음만은 천하를 누비고 있다. 책 속에서 고인들과 대화하고, 글을 써서 후세에 말을 전하니, 이것이 내게는 참된 자유이다."

다산 초당은 고요했지만 정약용의 생각과 글은 거센 물결처럼 끊임없이 흘러내렸습니다. 그는 매일매일 책을 읽고, 밤이면 촛불 아래에서 글을 썼어요. 고된 귀양살이 속에서도 나라와 백성을 걱정하는 마음으로 해마다 책을 펴냈고, 그 소식을 접한 사람들은 멀리서 정약용을 찾아오기도 했습니다.

그곳에서 그는 재판과 법에 관한 《흠흠신서》, 나라를 다스리는 큰 틀을 정리한 《경세유표》 등 위대한 저서를 남겼습니다. 지방 관리가 어떻게 백성을 다스리고 보살펴야 하는지 상세히 기록한 《목민심서》를 포함해, 이 세 권의 책은 '하나의 표와 두 개의 서'라는 뜻의 '일표이서'로 불리며 정약용의 실학사상을 집대성한 대표작으로 손꼽힙니다.

그의 책들에는 신분의 높고

ⓒ 한국학중앙연구원

낮음을 따지지 않는 평등한 세상, 열심히 일하는 백성이 잘사는 세상을 만들고자 하는 일관된 마음이 담겨 있었습니다. 불합리한 토지 제도를 바로잡고자 새로운 방안을 제시했는데요, 바로 '여전제'입니다.

여전제는 마을 사람들이 함께 땅을 나누어 경작하고 수확물은 각자의 노동량에 따라 공정하게 나누자는 뜻을 담고 있습니다. 당대에는 매우 파격적이면서도 백성을 위한 깊은 고민이 담긴 개혁안이었지요.

다산 초당

18년 동안의 긴 유배 생활을 마치고 정약용은 다시 고향으로 돌아왔습니다. 고향에 돌아와서도 조용히 책을 읽고 글을 쓰며 오직 제자들을 가르치는 데 힘을 쏟았지요. 험난한 세월 속에서도 정약용은 처음 품었던 마음을 잃지 않고, 마지막까지 백성들을 위한 학문을 실천하며 지혜로운 삶을 살았습니다.

▶ 유배지에서 쌓은 지식을 실천으로, 다산 초당

강진 만덕산 기슭에 자리한 작은 초가집, **다산 초당**은 정약용이 18년간의 유배 생활 중 10년을 보낸 곳입니다. 이곳은 단순한 유배지가 아닌, 그의 사상이 저서와 편지를 통해 밖으로 퍼져 나간 지식의 원천이었지요.

다산 초당에서 정약용은 매일 새벽 일찍 일어나 책을 읽고 글을 쓰며 차를 마셨습니다. '다산'이라는 호 역시 그가 차를 즐겼던 데서 유래했지요. 그는 이 조용한 공간에서 가족과 제자들에게 끊임없이 편지를 보내며 학문과 삶의 지혜를 전했습니다.

제자 황상에게 보낸 편지에서는 실학자로서 그의 핵심 사상이 분명하게 드러납니다.

"학문에서 가장 중요한 것은 '실천'이오. 책을 읽되 그 뜻을 깊이 이해하고, 이해한 바를 실생활에 적용해야 참된 학문이라 할 수 있소. 글만 읽고 행하지 않는다면 그것은 죽은 지식일 뿐이오."

또 다른 제자 이강회에게는 학문의 목적을 분명히 밝혔습니다.

"내가 평생 추구한 것은 백성의 삶을 조금이라도 나아지게 하는 것이오. 그대도 관리가 된다면 백성을 자신의 부모처럼 여기고, 그들의 아픔을 내 아픔으로 여기길 바라오. 학문은 결국 사람을 위한 것임을 잊지 말아야 하오."

정약용은 열악한 환경 속에서도 책을 읽고, 글을 쓰고, 편지로 제자들을 가르치며 실학사상을 완성했습니다. 역경 속에서도 지식을 실천으로 옮기려 했던 그의 정신은 오늘날 우리에게도 학문의 진정한 가치가 무엇인지 깊이 생각하게 합니다.

▶ 정약용의 실학사상, 수원 화성에 깃들다

정조는 아버지 사도 세자의 묘를 수원으로 옮기고, 그 주변에 새로운 성벽으로 둘러싼 '화성'을 건설하기로 결정했습니다. 이 프로젝트는 단순한 성벽 건설을 넘어 정조의 개혁 정치를 뒷받침할 정치·경제·군사적 기능을 갖춘, 이른바 신도시 건설이었습니다.

이 거대한 사업에 정약용은 자신의 실학 정신과 풍부한 지식을 총동원했습니다. 그는 중국의 고전과 서양 과학 기술을 연구하여 혁신적인 '거중기'를 설계했지요. 거중기는 지렛대와 도르래의 원리를 이용해 적은 인력으로도 무거운 돌을 쉽게 들어 올릴 수 있도록 만든 기계인데요. 이 기계 덕분에 수원 화성 공사는 원래 10년이 걸릴 것으로 예상했지만 3년 만에 완성되었고, 공사 비용도 크게 줄일 수 있었어요.

정약용의 실학사상은 수원 화성 건설을 통해 현실로 구현되었습니다. 수원 화성과 거중기는 그의 실학 정신이 구체적으로 형상화된 상징물로서, 이론과 실천을 조화롭게 융화한 정약용의 지혜를 보여 줍니다.

수원 화성에는 사대문인 팔달문, 장안문, 화서문, 창룡문과 서북공심돈, 방화수류정, 화성 행궁 등 군사 및 행정 시설이 조화롭게 배치되어 있습니다.

화성의 건설 과정은 《화성 성역 의궤》에 상세히 기록되어 있는데, 이 의궤는 당시 건축 기술과 공사 과정을 생생하게 담은 귀중한 자료입니다. 수원 화성은 이러한 역사적·기술적 가치를 인정받아 1997년 유네스코 세계 문화 유산에 등재되었으며, 《화성 성역 의궤》는 2007년 세계 기록 유산으로 지정되었지요.

인공 지능 시대에 정약용이 주는 교훈

하루가 다르게 인공 지능 기술이 발전하는 요즘, 챗GPT가 글을 쓰고, 로봇이 공장에서 일하며, 자율 주행차가 운전사를 대신하고 있습니다. 이러한 기술 혁신이 주는 편리함 뒤에는 변화에 대한 두려움도 함께 존재하지요. 이미 많은 사람들이 기술이 인간을 대체할지도 모른다는 불안감을 피부로 느끼고 있으니까요.

이런 급격한 변화 속에서 우리는 과연 어떻게 적응하고 무엇을 준비해야 할까요? 이 질문에 대해 이미 이백 년 전에 깊이 고민하고 해답을 찾고자 했던 인물이 바로 실학자 정약용입니다.

정약용은 조선 최고의 엔지니어로서 다양한 분야에서 혁신적인 발명품을 만들어 냈습니다. 그는 기존 수레의 단점을 보완해 '유형거'라는 새로운 운반 장치를 개발했는데요. 유형거는 수레바퀴에 수평을 유지하는 장치를 달아 경사진 곳에서도 균형을 유지하도록 개량한 운반 장치였지요.

그 결과, 일반 수레 100대로는 354일이나 걸리던 작업을 유형거 70대만으로 단 154일 만에 끝냈고, 작업 효율도 무려 60% 이상 향상시켰다고 합니다.

여기서 더욱 놀라운 점은 기술을 대하는 정약용의 접근법이었습니다. 그는 단순히 새로운 기계를 만드는 데 그치지 않고, 기존 기술의 한계를 정확히 분석하고 현장에서 진짜 필요한 것이 무엇인지 고민해 그에 맞는 실용적인 해결책을 제시했습니다. 거중기를 만들 때도 중국의 《기기도설》을 그대로 모방하지 않고, 조선의 실정에 맞게 창의적으로 개량했지요.

그렇다면 이런 정약용의 혁신적인 사고는 인공 지능 시대를 살아가는 우리에게 어떤 교훈을 줄까요? 아무리 기술이 발달해도 그것을 창의적으로 활용하고 실제 문제 해결에 적용하는 건 결국 우리, 인간의 몫이라는 점입니다.

인공 지능이 글을 써 줄 수는 있지만, 어떤 글을 써야 할지 판단하고, 그것을 어떻게 의미 있게 활용할지 결정하는 것은 바로 우리가 해야 할 역할이니까요.

결국 인공 지능 시대에 가장 중요한 역량은 정약용처럼 현실을 제대로 이해하고 창의적으로 문제를 해결하는 융합적 사고력이 아닐까요?

[3]

국권 회복을 위해
삶을 바치다
신념의 불꽃

조국을 위해 기꺼이 목숨을 내건

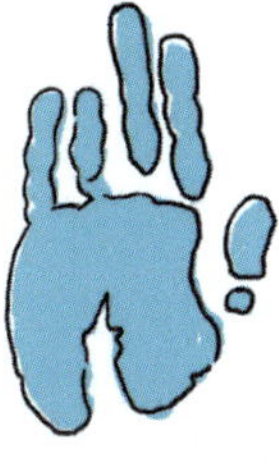

나는 대한의군 참모 중장 안중근이다!
조국의 독립과 동양의 평화를 위해
이토 히로부미를 처단한다!

《중학교 역사 2》 13. 근현대 사회로의 전환 | 《고등학교 한국사 2》 1. 일제 식민 통치와 민족 운동

안중근

1909년 10월 26일 이른 아침, 안중근은 중국 하얼빈역에 도착했습니다. 역사 내 찻집에 들어가 플랫폼을 주의 깊게 관찰하며, 넷째 손가락이 없는 왼손으로 주머니 속 권총을 꽉 쥐었습니다.

이토 히로부미가 하얼빈을 지나간다는 소식을 들은 것은 얼마 전이었습니다. 소식을 접한 그날부터, 안중근은 즉시 독립운동가들과 함께 역할을 분담했습니다. 우덕순과 조도선은 채가구역에서, 안중근은 하얼빈역에서 각각 대기하기로 했지요.

하얼빈역에 울려 퍼진 총성

안중근은 사진관에서 마지막 기념사진을 찍으며 결의를 다졌습니다. 그러고는 비장한 심정을 담아 〈장부가〉를 붓글씨로 남겼습니다.

“때가 영웅을 만들고, 영웅이 때를 만든다. 쥐새끼처럼 나라를 훔친 도적 이토여, 어찌 감히 귀한 목숨이고자 하느냐!”

이토 히로부미는 일본을 근대 국가로 만든 메이지 유신의 중심인물이자, 네 차례나 일본 총리를 지낸 정치가였습니다. 그는 한국을 식민지로 만들기 위한 절차를 기획하고 총괄했습니다.

더 나아가 전쟁을 일으켜 동아시아의 질서를 무너뜨리고 일본의 군사적 우위를 확보하고자 했지요. 일본의 영웅이던 이토 히로부미는 한국인들에게는 침략의 상징이자 동양 평화의 파괴자였습니다.

오전 9시, 이토 히로부미가 탄 특별 열차가 하얼빈역에 도착했습니다. 이토 히로부미는 열차 안에서 러시아 재무 대신과 짧은 회담을 마친 뒤, 플랫폼으로 내려와 러시아 군인들의 인사를 받았지요. 역 안은 러시아 군인들과 사람들로 북적였고, 그 틈에 섞여 있던 안중근은 기회를 엿보고 있었습니다.

〈장부가〉

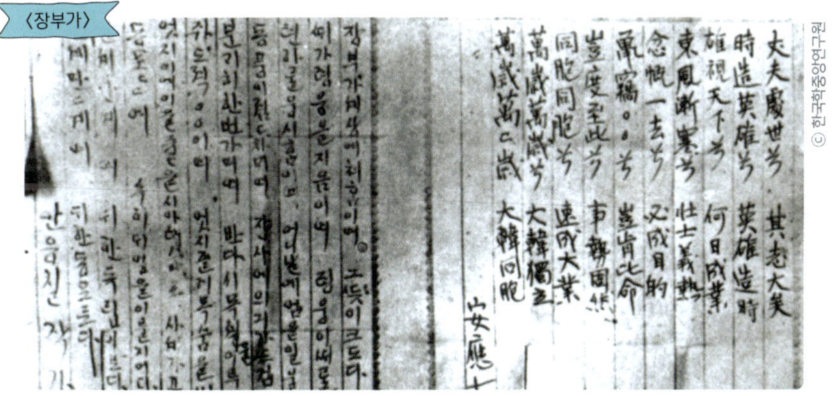

〈이토 히로부미를 처단하는 안중근 의사〉 기록화

회담을 마치고 이토 히로부미가 수행원들과 함께 열차 쪽으로 돌아서는 순간, 갑자기 '탕! 탕! 탕!' 하는 총성이 하얼빈역을 흔들었습니다.

"코레아 우라(대한 만세)!"

총격을 가한 안중근은 대한 만세를 힘차게 외쳤습니다. 굳건한 의지와 신념이 담긴 묵직한 목소리가 역 전체에 울려 퍼졌지요.

북두칠성의 기운을 받은 아이

안중근은 1879년 9월 2일, 황해도 해주부에서 태어났습니다. 태어날 때 그의 배와 가슴에는 일곱 개의 검은 점이 있었는데요. 유학자였던 할아버지 안인수는 이를 보고 "북두칠성의 기운을 받고 태어났다."며 '응칠'이라는 이름을 지어 주었습니다. 그 후 부모님이 그의 성격이 급하다며 '중근'으로 이름을 바꾸어 주었다는 이야기도 있지만, 안중근은 해외에서 활동할 때나 자서전에서 종종 '안응칠'이라는 이름을 사용했습니다.

안중근의 아버지 안태훈은 서양의 새로운 문화와 기술에 밝은 개화파 지식인이었고, 어머니 조마리아는 독실한 천주교 신자였습니다. 안중근 역시 천주교 신자로, 그의 호로 알려진 '도마'는 세례명 '토마스'에서 유래했지요.

어려서부터 뛰어난 학문적 재능을 보인 안중근은 결혼 후에는 석탄 장사를 하며 지역 사회에서 인정받는 인물로 성장했습니다. 그러다 1905년에 일본이 을사늑약을 강제로 체결하는 모습을 목격한 뒤, 독립운동에 헌신하게 되었지요.

안중근은 처음에는 무력 투쟁보다는 교육과 실력 양성을 통해 나라를 되찾고자 했습니다. 나라를 구할 인재를 양성하기 위해 삼흥 학교를 세우고 돈의 학교를 인수하는 등 교육 사업에 힘썼어요. 또한 국민들이 힘을 모아 나라 빚을 갚자는 국채 보상 운동에도 열심히 참여했습니다.

그러나 일본의 침략이 점점 심해지는 것을 보며, 안중근은 더욱더 적극적으로 저항할 필요가 있다고 느꼈습니다. 1907년에 일본이 정미칠조약을 체결하고 고종 황제를 강제로 퇴위시키자, 러시아 연해주로 건너가 항일 의병 활동에 나섰습니다.

1909년에는 열한 명과 함께 '동의단지회'를 결성했습니다. 이때 왼쪽 넷째 손가락을 자른 뒤 '대한 독립'이라는 글자를 썼지요. 피로 쓴 글씨는 목숨을 걸고 독립을 위해 싸우겠다는 그의 굳은 다짐 그 자체였습니다. 그

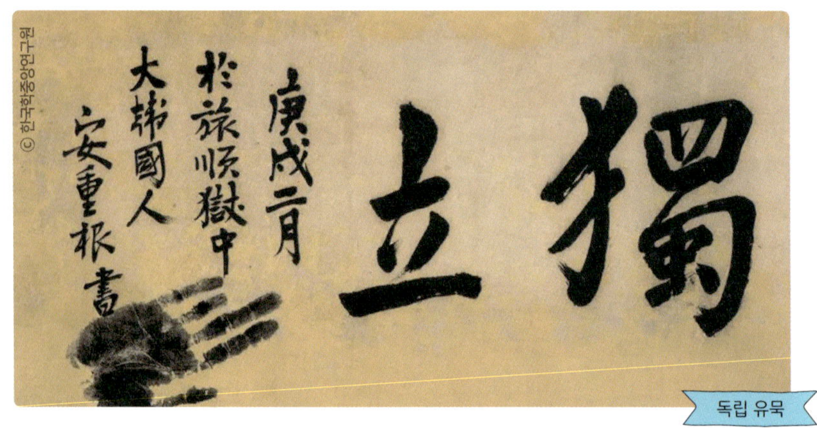

독립 유묵

리고 얼마 지나지 않아, 안중근은 하얼빈역에서 이토 히로부미를 사살하는 거사를 감행했습니다.

이토의 죄목은 동양의 평화를 해친 죄

의거 현장에서 즉시 체포된 안중근은 일본 당국에 넘겨져 뤼순 감옥에 수감되었습니다. 그는 재판정에서도 굴하지 않고 일본 검사와 치열한 논쟁을 벌였습니다. 이토 히로부미를 처단한 것이 단순한 개인의 복수가 아닌, 조국의 독립과 동양 평화를 위해 '군인'으로서 반드시 해야 했던 의무였다고 주장했습니다.

"나는 대한의군 참모 중장이다. 이토야말로 한국과 동양 평화를 파괴한 장본인이니, 그를 처단한 것은 전쟁 중의 '처형'에 해당한다. 적장을 죽인 나를 국제 공법에 따라 '포로'로 대우하라!"

안중근은 이토 히로부미의 죄를 열다섯 가지로 정리해 검찰관에게 조목조목 제시했습니다. 명성 황후를 시해한 죄, 을사늑약과 정미칠조약을 강제로 맺게 한 죄, 고종 황제를 폐위시킨 죄, 전쟁을 일으켜 동양 평화를 깨뜨린 죄 등을 들어 처단의 정당성을 밝혔지요.

그 당시 일본 언론은 안중근을 '흉한'이라고 부르며 잔인한 살인자로 몰아갔지만, 우리나라 사람들에게 '만고의 의사'로 존경받았습니다. 흥미로운 점은 일부 양심적인 일본인과 중국인, 심지어 감옥에서 그를 감시하던 간수들 중에서도 그의 인품과 평화 사상에 감명받은 이들이 있었다는 사실입니다. 이는 안중근의 행동이 단순한 저격이나 테러가 아닌, 조국의 미래와 동양의 평화를 위한 의거였기 때문이지요.

목숨을 구걸하지 말고 대의를 위해 죽으라

감옥에 갇힌 안중근은 《동양 평화론》이라는 놀라운 글을 쓰기 시작했습

뤼순 감옥에서 면회 중인 안중근

니다. 이 글을 통해 드러난 안중근이 구상한 평화는 전쟁으로 이루어지는 것이 아니라, 한국·중국·일본 세 나라가 서로 존중하며 함께 발전하는 데 있었습니다.

1910년 2월 14일, 안타깝게도 그는 사형 선고를 받게 됩니다. 그는 항소를 통해 목숨을 구하고 《동양 평화론》을 완성할 수도 있었지만, 어머니 조마리아의 편지를 읽고 항소를 포기했다고 전해집니다.

"네가 늙은 어미보다 먼저 죽는 것을 불효라 여긴다면 나는 웃음거리가 될 뿐이니, 옳은 일로 죽는 것이 효도다."

안중근의 어머니 조마리아는 슬픈 마음을 꾹 누르고 명주 수의와 함께 아들의 신념을 북돋우는 편지를 보냈습니다.

"목숨을 구걸하지 말고 대의를 위해 죽으라."

어머니의 말에 안중근은 다가오는 죽음을 담담히 받아들였습니다. 그 당시 여러 언론들은 '그 어머니에 그 아들'이라고 두 사람을 높이 평가했지요.

결국 1910년 3월 26일 오전 10시, 안중근의 사형이 집행되었습니다. 그는 마지막으로 "내가 한 일은 동양 평화를 위한 것이다. 한국과 일본 양

순국 직전 안중근의 모습

국이 서로 협력해 그 평화가 이루어지길 바란다."라는 유언을 남겼습니다.

그의 시신은 가족에게 돌아가지 못한 채 감옥 뒤편에 몰래 매장되었고, 지금까지도 정확한 매장지는 밝혀지지 않고 있습니다.

그가 마지막까지 품었던 평화에 대한 열망은 단순히 폭력이 없는 상태를 뜻하는 것이 아니었습니다. 그것은 모든 이들의 존엄이 지켜지고, 서로 다른 민족과 문화가 공존하며 함께 번영하는 세상을 향한 깊은 염원이었어요.

오늘날 우리 사회에도 여전히 갈등과 분열, 차별과 불평등이 존재합니다. 더 나은 세상을 위해 우리는 어떤 용기와 신념을 가져야 할지, 그리고 진정한 평화란 무엇인지 생각해 봅시다.

THE HARBIN TRAGEDY.

Assassin's Charges Against the Late Prince Ito.

The preliminary examination of the murderer of the late Prince Ito and his alleged accomplices, which took place in the local Court at Port Arthur, was concluded on November 16, and the accused have been committed for trial for felony, reports the Japan Chronicle. The trial, it is stated, will be conducted in camera.

During the preliminary examination the assassin is said to have advanced fifteen reasons in justification of his action. He alleged that Prince Ito was responsible for—(1) The murder of the late Queen of Korea; (2) installation of the convention which brought Korea under the protectorate of Japan in November 1905; (8) the new convention forced on Korea by Japan in July 1907; (4) removal of the former Emperor; (5) disbanding of the Korean Army; (6) slaughter of innocent people; (7) depriving Koreans of their rights; (8) destruction of Korean text-books by burning; (9) prohibition against Koreans contributing to newspapers; (10) the issue of bank notes; (11) making Korea responsible for a national debt of £3,000,000; (12) disturbance of the peace in the Orient; (18) failure to carry out Japan's protectorate policy in Korea in the true sense of the terms; (4) murder of the late Emperor Komei, father of the Emperor of Japan; (15) throwing dust in the eyes of Japan and of the world.

The accomplices found to be implicated in the charge of murder are reported to number

1909년 싱가포르 신문에 실린 이토 히로부미를 암살한 이유

▶ 1910년에 유럽 연합과 같은 공동체를? 《동양 평화론》

《동양 평화론》은 안중근이 뤼순 감옥에서 쓰기 시작한 책입니다. 그는 당시 잔혹한 제국주의 시대에 세계를 바라보는 새로운 눈을 제시하고자 했지요. 단순히 일제의 횡포를 비판하거나 독립을 요구하는 데 그치지 않고, 한국·중국·일본 삼국이 어떻게 공존하며 진정한 평화의 길을 걸어갈지 체계적인 구상을 담아내었어요.

이 책에서 안중근이 제안한 내용은 매우 구체적이고 혁신적이었습니다. 한국·중국·일본 세 나라가 뤼순에 '동양 평화 회의'를 설립해 정기적으로 지역 문제를 논의하고, 공동 은행을 만들어 같은 화폐를 사용하자고 제안했습니다. 또 공동의 군대를 운영하고, 각국의 언어와 문화를 배우는 교육 기관을 만들자는 구상을 내놓았지요. 이는 1993년에 출범한 유럽 연합(EU)과 비슷한 형태로, 그 당시로서는 매우 앞서간 평화와 협력의 공동체 모델을 제시했던 것입니다.

안중근에게 진정한 평화란, 모든 나라의 주권이 존중받는 대등한 관계 속에서 이루어지는 것이었습니다. 그리고 하늘의 뜻에 순응하고 민심을 따라야 한다는 동양적인 평화관을 주장했습니다. 이처럼 상호 존중과 공존의 원리를 담은 선구적인 책인 《동양 평화론》은 일본이 사형 집행을 서두르면서 안타깝게도 미완성으로 남게 됩니다.

전쟁과 갈등이 끊이지 않는 국제 사회에서 우리가 실현해야 할 평화의 가치는 무엇일까요? 안중근의 《동양 평화론》을 통해 평화로운 세상을 만들기 위해 우리가 어떤 노력을 기울여야 할지 다 함께 생각해 보아요.

▶ 일제의 국권 침탈 과정

일제는 단계적으로 우리나라의 국권을 빼앗아 갔습니다. 1905년에 러일 전쟁에서 승리한 뒤 미국과 가쓰라·태프트 밀약(1905), 영국과는 제1차 영일 동맹(1902)에 이어 제2차 영일 동맹(1905), 그리고 러시아와 포츠머스 조약(1905)을 맺어 국제 사회에서 한국 지배에 대한 승인을 얻었습니다.

이를 바탕으로 일본은 1905년 을사늑약을 강제로 체결하여 대한 제국의 외교권을 박탈하고 통감부를 설치했습니다. 이 조약은 고종의 서명 없이 일본군의 위협 속에 강제로 체결된 불법적인 조약이었는데요. 고종이 1907년에 헤이그 만국 평화 회의에 특사를 파견해 이 사실을 알리려 하자, 일본은 이를 빌미로 고종을 강제 퇴위시켰습니다.

1907년에는 정미칠조약을 체결하여 대한 제국의 군대를 해산시켰습니다. 1909년에는 기유각서를 통해 사법권을, 이후에는 경찰권까지 빼앗았지요. 결국 1910년에 우리나라의 국권을 완전히 박탈하고 식민지로 만들었습니다.

이러한 일제의 침탈에 맞서 많은 애국지사들이 의열 투쟁을 전개했습니다. 1908년 전명운과 장인환은 일본의 침략을 지지하고 미화하던 미국인 외교관 스티븐스를 샌프란시스코에서 사살했고, 1909년 안중근은 하얼빈에서 조선 침략의 주범인 이토 히로부미를 처단했습니다. 나철과 오기호는 자신회를 조직해 매국노를 처단했고, 이재명은 1909년 을사오적 중 한 명인 이완용을 저격하는 의거를 감행했습니다.

이러한 의열 투쟁은 이후 3·1 운동과 대한민국 임시 정부 수립으로 이어지는 조직적인 독립운동의 토대가 되었습니다.

⋮ '테러'인가 '저항'인가, 안중근이 던진 정의의 기준

아직도 세상 곳곳에서는 갈등과 분쟁이 끊이지 않습니다. 어떤 단체는 자기들의 주장을 관철하기 위해 폭력적인 방법을 사용하기도 하는데, 많은 사람들은 이를 '테러'라고 부르며 강하게 비난하고는 합니다. 하지만 그 단체는 자기들의 행동이 억압받는 사람들을 위한 '정의로운 투쟁'이라고 주장하지요.

안중근은 우리나라를 침략하는 데 앞장섰던 일본의 핵심 인물인 이토 히로부미를 중국 하얼빈역에서 처단했습니다. 일본은 안중근을 '테러리스트'라고 규정하고 사형을 선고했지요.

하지만 안중근은 재판정에서 자신의 행동은 정당한 의거이며, 테러가 아니라고 당당히 주장했습니다.

안중근의 결단은 왜 '테러'가 아닌 '정의로운 투쟁'으로 평가받을까요?

안중근은 개인적인 감정이나 복수심으로 행동한 것이 아니었습니다. 그는 당시 나라의 독립을 위해 싸우던 무장 조직인 '대한의군'의 참모 중장이었습니다. 다시 말해 전쟁 중인 나라의 군인으로서 적국의 핵심 인물을 정당하게 처단한 것이었지요.

안중근이 겨눈 이토 히로부미는 무고한 시민이 아니라 우리나라를 침략하고 식민 지배를 추진한 일본의 최고 책임자였으니까요. 말하자면 불법으로 자행된 식민 지배에 맞선 정의로운 의거였던 거예요.

이처럼 어떤 행동이 테러인지, 아니면 정의로운 저항인지를 판단하려면 누가 어떤 목적으로 행동했는지를 깊이 살펴보아야 해요.

하늘로 날아오른
최초의 여성 비행사

내가 열다섯 살이라면 달나라에 갈 것이다.

젊은이들은 도전할 수 있는 큰 꿈을 키워야 한다.

1917년, 일제 강점기 평양 상공. 미국인 비행사 아트 스미스가 화려한 곡예비행을 펼치고 있었습니다. 하늘에서 연기로 글자를 그리고, 하강과 상승을 반복하며 놀라운 기술을 선보이자 숨죽이고 바라보던 사람들이 환호성을 내질렀지요. 그 군중 속에는 반짝이는 눈망울로 하늘을 올려다보는 열일곱 살의 소녀가 있었습니다.

"하늘을 날면 어떤 기분일까? 나도 하늘을 날고 싶어."

소녀의 가슴속에서 불같이 타오른 이 열망은 당시 사회에서는 상상조차 할 수 없는 대담한 꿈이었습니다. 여성이 비행사가 된다는 것은 전 세계적으로도 드문 일이었고, 특히 차별과 억압으로 얼룩진 일제 강점기 여성에게는 더더욱 먼 이야기였지요.

그러나 소녀는 꿈을 가지고 용기를 내면 불가능한 일도 가능하게 만들 수 있다고 굳게 믿었습니다. 그리고 마침내 그 꿈이 현실로 바뀌었습니다. 그 소녀의 이름은 권기옥, 한국 최초의 여성 비행사이자 독립운동가였습니다.

가난 속에서 품은 하늘을 향한 꿈

권기옥은 1901년에 평안남도 평양에서 태어났습니다. 아버지는 농담 반 진담 반으로 '갈레'라는 이름을 지어 주었습니다. '빨리 시집이나 가라' 는 뜻이었지요.

그 당시 조선 사회에서는 딸이 태어나면 이런 이름을 짓는 일이 흔했습니다. 여성은 집안의 대를 잇지 못하고, 결혼을 하면 다른 집안으로 떠나는 존재로 여겨졌기 때문이에요. 그러나 권기옥은 이러한 가부장적 기대와 제약에 갇혀 살지 않았습니다.

어려운 가정 형편 속에서도 배움에 대한 강한 열망을 품고 숭현 소학교와 숭의 여학교에서 학업을 이어 갔습니다. 특히 숭의 여학교 시절, 좋은 선생님을 만나면서 인생의 큰 전환점을 맞게 됩니다.

선생님의 가르침을 통해 권기옥은 민족의식과 독립사상에 눈을 뜨게 되었고, 여성 비밀 조직인 '송죽회'에 가입해 적극적으로 활동했습니다.

'여성도 나라를 위해 싸울 수 있다. 아니, 싸워야만 한다.'

이렇게 그녀는 '갈레'라는 이름에서 벗어나, 스스로 지은 이름 '기옥'으로 성장해 나갔습니다.

숭의 여학교 교사와 학생들

1919년 3·1 운동으로 전국이 뜨겁게 달아오른 봄날, 열아홉 살의 권기옥은 주저 없이 평양에서 열린 만세 시위에 참여했습니다. 그때 경찰에 체포되어 감옥살이를 하게 되었지만, 그런 고통스러운 경험은 오히려 그녀의 독립 의지를 더욱 굳건하게 만들었지요.

그 후에도 권기옥은 독립운동을 멈추지 않았습니다. 평양에서 비밀리에 독립 자금을 모아서 은신 중인 독립운동가들을 도왔으며, 심지어 폭탄을 운반하는 위험천만한 임무까지 몸소 수행했습니다.

결국 이러한 활동들이 발각되어 일본 경찰의 추적 대상이 되자, 권기옥은 1920년경 중국 상하이로 망명을 했습니다. 상하이에서 그녀는 대한민국 임시 정부 요원들과 접촉하며 독립운동을 이어 갔지요. 그곳에서 일본군 비행기가 중국 상공을 날아다니는 모습을 보고는 결연한 마음을 품게 됩니다.

“내가 만약 비행기를 조종해서 조선 총독부와 천황이 사는 궁궐을 폭파할 수 있다면!”

권기옥에게 비행술은 단순한 개인적 모험이나 호기심이 아니었습니다. 그것은 조국 독립을 위한 실질적인 무기였고, 식민 지배에 통쾌한 반격을 가할 수 있는 강력한 수단이었습니다.

✨ 하늘을 정복한 첫 여성 독립운동가

1920년대 중국에서 여자에게 비행기 조종법을 가르쳐 주는 학교는 극히 드물었습니다. “여자가 무슨 비행사냐?”, “조선인이 무슨 비행을 한다고 하느냐?” 하는 냉담한 반응뿐이었습니다.

수차례 문을 두드렸지만 번번이 거절당했고, 심지어 비웃음을 사기도 했어요. 그러나 권기옥은 굴하지 않았습니다. 끊임없이 노력한 끝에 당시 항공대 창설을 구상하던 대한민국 임시 정부 사람들의 도움으로 운남 육군 항공 학교의 입학 허가를 받아 내는 데 성공했습니다.

항공 학교에서의 훈련은 결코 쉽지 않았습니다. 유일한 여학생으로서 남학생들의 편견과 차별에 맞서야 했고, 신체적으로도 매우 고된 훈련

첫 단독 비행에 성공한 후 도산 안창호에게 보낸 사진

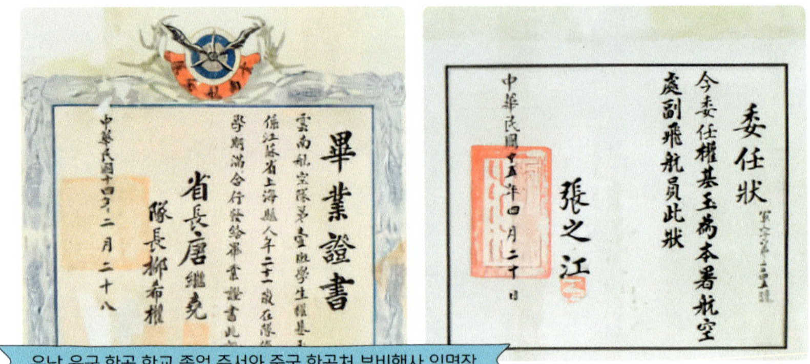

운남 육군 항공 학교 졸업 증서와 중국 항공처 부비행사 임명장

을 견뎌야 했습니다. 비행 이론에서 기계 정비, 실제 조종까지 모든 과정을 처음부터 배워야 했지만, 그 어떤 어려움도 권기옥의 의지를 꺾을 수 없었습니다.

마침내 1925년 2월 28일, 권기옥은 여성 최초로 운남 육군 항공 학교의 졸업장을 받게 되었습니다. 놀라운 것은 여학생으로서는 유일하게 실제 전투기 조종 훈련까지 성공적으로 마쳤다는 사실입니다. 이는 세상의 편견을 단박에 깨뜨리는 일이었지요.

항공 학교 졸업 후, 권기옥은 중국 군벌 세력과 장제스의 국민당 정부 소속의 공군에서 활동했습니다. 공군 장교로서 정찰과 폭격 훈련을 받으며, 일본군에 맞서는 다양한 작전에도 참여했습니다.

권기옥의 존재 자체가 일제에게 큰 위협이 되었던 걸까요? 일제는 암살단까지 파견해 제거하려는 시도를 했다고 하지요.

여러 가지 이유로 권기옥에게 실제로 조국 땅을 향해 비행할 기회는 주어지지 않았습니다. 그러나 그녀는 '언젠가 독립한 조국의 하늘을 당당히 날겠다'는 희망을 품고 끊임없이 비행 기술을 갈고 닦았습니다.

✨ 해방 후에도 계속된 도전

1945년 8월 15일, 일제가 항복하면서 그토록 기다리던 조국 해방이 이루어졌습니다. 그러나 전쟁 직후 한반도의 혼란스러운 상황 속에 권기옥은 곧바로 귀국하지 않고 중국에 남아 있는 한국인들과 독립운동가들을 도왔습니다.

1949년 무렵에야 귀국하여 자신의 경험과 지식을 새로운 국가 건설을 위해 헌신하고자 했지요. 대한민국 정부는 그녀의 항공 경험을 높이 평가하여 국방 위원회 전문 위원으로 위촉했고, 이로써 그녀는 초창기 한국 공군 창설의 밑거름을 마련하게 되었습니다.

운남 육군 항공 학교에서 동료들과 찍은 사진(가운데)

그 당시 한국에는 공군에 대한 인식과 전문 인력이 매우 부족한 상황이었어요. 권기옥은 중국에서 쌓은 풍부한 경험을 바탕으로 조종 이론과 항공기 운영 방식을 정부 관계자들에게 조언하며 한국 공군의 기틀을 닦는 데 기여했습니다. 특히 항공 분야에서 여성의 역할 확대를 위해 여성 인재 양성에도 앞장섰습니다.

"내가 열다섯 살이라면 달나라에 갈 것이다. 젊은이들은 도전할 수 있는 큰 꿈을 키워야 한다. 할 수 있다는 자신감을 가져라."

권기옥은 여성이든, 가난한 사람이든, 어떤 제약이 있어도 큰 꿈을 품을 수 있다는 신념을 잃지 않았습니다. 강연과 언론 활동을 통해 청년들이 세상에 과감히 도전하도록 독려했고, 특히 여성들이 더 다양한 분야에서 활약할 수 있도록 격려했습니다. 또, 청년들의 교육을 위해 전 재산을 장학 사업에 기증했지요. 그러다 1988년에 서울의 작은 목조 주택에서 생을 마감하고 국립 서울 현충원 애국지사 묘역에 안장되었습니다.

권기옥의 삶은 한마디로 '고정관념에 맞선 끊임없는 도전'이라고 할 수 있습니다. 여성이라는 이유로 배제되었던 비행 학교 문을 직접 두드렸고, 식민지 한국인이라는 멸시 속에서도 첨단 비행 기술을 익혀 독립에 이바지했습니다.

오늘날에도 우리는 수많은 편견과 장벽에 부딪히곤 합니다. 그러나 권기옥처럼 "못 할 게 뭐가 있어?"라는 자세로 꿈을 위해 도전한다면, 상상 그 이상의 '비상'을 할 수 있을지도 모릅니다.

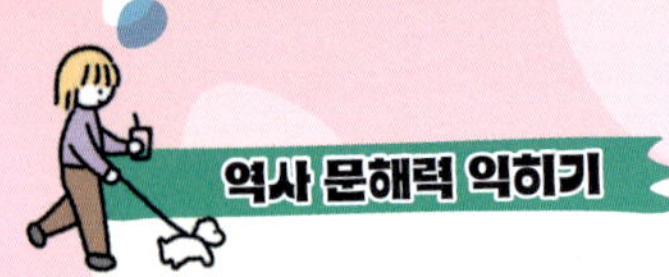

▶ 잊어서는 안 되는 여성 독립운동가들 이야기

일제 강점기, 수많은 여성들이 불평등한 사회 환경 속에서도 교육, 문화, 무장 투쟁, 의료, 항공 등 다양한 분야에서 독립운동을 펼쳤습니다.

안경신은 권총과 폭탄 제조법을 익혀 일본 관료 암살 작전에 참여하며, '여성도 조국을 위해 총을 들 수 있다'는 사실을 몸소 증명했습니다.

박차정은 의열단과 한국 독립군에서 활약하며, 중국 광둥성에서 한인 여성들을 모아 '광복군 여자 의용대'를 조직하여 무장 투쟁에 앞장섰습니다.

남자현은 국제 사회에 한국의 독립을 호소하는 혈서를 쓰고, 일본 고위 관리 암살을 시도하는 등 강력한 항일 투쟁을 이어 갔습니다.

김마리아는 대한 애국 부인회를 조직하여 전국 이천여 명의 여성들을 결집시켰습니다. 훗날 상하이 대한민국 임시 정부에서 여성 독립운동가 대표로 활동하며, 국내외 여성 독립운동의 중추 역할을 했습니다.

오희옥은 광복군에 입대하여 첩보와 연락, 군사 기지 정찰 등 중요한 임무를 수행했습니다. 그는 2024년까지 생존했던 마지막 여성 광복군으로, 존재 자체가 '살아 있는 역사'였습니다.

여성 독립운동가들의 빛나는 활약에도 불구하고, 2024년 기준으로 대한민국 정부에 공식 등록된 독립운동가 18,172명 중 여성은 약 660명! 전체의 4% 미만에 불과합니다. 이는 역사 속에서 여성 독립운동가들의 역할과 공적이 주목을 덜 받았기 때문입니다.

오늘날 우리가 누리는 자유와 평등은 수많은 여성 독립운동가들의 피와 땀, 눈물 위에 세워졌다는 것을 꼭 기억해야겠습니다.

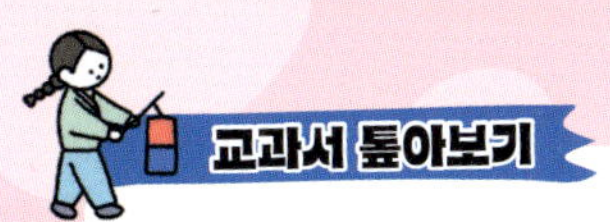

▶ 일제 강점기 시대의 다양한 사회 운동

3·1 운동 이후, 조선 사회 곳곳에서는 다양한 사회 운동이 전개되었습니다. 청년, 소년, 여성, 백정, 농민, 노동자, 학생과 같은 사회적 약자들도 저마다의 방식으로 일제의 억압과 차별에 맞섰습니다.

3·1 운동을 겪은 청년들은 민족의식이 크게 고양되어 조직적인 청년 운동을 전개했습니다. 1920년대에 여러 청년 단체들이 생겨나 강연회와 토론회 등을 열며 독립과 사회 개혁의 필요성을 외쳤습니다. 청년들은 점차 민족 운동의 새로운 중심 세력으로 부상하며 사회 전반에서 활약했지요.

어린이에 대한 사회적 관심도 높아져 '소년 운동'이 일어나기도 했습니다. 대표적인 인물이 바로 방정환입니다. 그는 1920년 '천도교 소년회'를 조직하고, '어린이날'을 제정했지요. 아이들도 '생각하고 배우며 존중받아야 할 존재'라는 믿음으로, '어린이'라는 단어를 우리 사회에 뿌리내리게 했습니다.

여성들도 가만히 있지 않았습니다. 오랜 세월 사회적 제약 속에 살던 여성들은 1927년 '근우회'를 결성하여 본격적으로 목소리를 내기 시작했지요. 여성의 교육권, 노동권, 참정권을 요구하며 강연, 출판, 시위 등 다양한 활동을 펼쳤습니다. 근우회의 활동은 여성도 사회의 주체라는 인식을 퍼뜨리는 계기가 되었지요.

계급과 성별, 직업 등을 이유로 이중적인 억압과 차별을 받았던 사회적 약자들도 일어섰습니다. 1923년 진주에서는 '조선 형평사'가 조직되어 차별 철폐를 외쳤어요. 이들은 '사람은 모두 평등하다'는 원칙을 내세우며 백정이라는 이유로 겪는 차별과 모욕에 당당히 저항했습니다. 형평 운동은 당대의 불

평등한 현실을 드러내고 사회 전반에 인권 의식을 일깨운 중요한 사건이었습니다.

또, 농촌과 공장에서도 저항의 목소리가 높아졌습니다. 농민들은 지주와 일제의 수탈에 맞서 1920년대부터 활발한 소작 쟁의를 벌였고요. 도시 노동자들은 열악한 노동 조건 개선을 위해 파업을 하며 투쟁했습니다.

1929년에는 광주 학생 항일 운동을 시작으로 전국의 학생들이 민족의식을 바탕으로 일제에 당당히 맞서기도 했지요. 이러한 움직임들은 신간회 같은 단체를 통해 서로 연대하며 더 큰 힘을 발휘했습니다.

이렇듯 일제 강점기 식민지 한국인들은 다양한 사회 운동을 통해 인간다운 삶과 평등한 사회를 향한 길을 열어 갔습니다. 나이와 성별, 신분을 넘어서 많은 이들이 함께 외쳤던 그 목소리는 오늘날에도 우리에게 깊은 울림을 줍니다.

⋮ 편견과 차별에 맞선, '최초'라는 단어가 갖는 의미

권기옥을 소개할 때는 항상 '한국 최초의 여성 비행사'라는 수식어가 따라붙습니다. 우리는 '최초'라는 말을 들으면 자연스레 박수를 치게 됩니다. 하지만 이런 '최초'라는 단어 뒤에는 꼭 한번 되짚어 봐야 할 질문이 숨어 있어요.

"왜 그 전까지는 아무도 그 자리에 올 수 없었을까?"

권기옥은 중국에 있던 네 개의 비행 학교 중 두 곳에서 단지 여자라는 이유만으로 입학을 거절당했어요. 아무리 실력이 있어도, 의지가 강해도 성별 때문에 기회조차 얻을 수 없었던 거지요. 여성이라고 차별받은 것은 비단 권기옥만의 일이 아니었습니다.

1932년에 어밀리아 에어하트는 여성 최초로 대서양을 단독 비행했지만, 신문들은 그녀의 실력보다 외모에 더 주목했어요. 미국 최초의 흑인 여성 비행사인 베시 콜먼도 마찬가지였습니다. 그 당시 미국 비행 학교는 흑인과 여성, 그 누구에게도 입학을 허락하지 않았고, 그녀를 가르쳐 줄 흑인 교관 역시 없었어요.

오늘날 우리 사회에도 다양한 분야에서 '최초'가 되는 사람들이 있습니다. 최초의 장애인 우주인, 최초의 이주민 국회의원, 최초의 여성 야구 감독 등이 그 예지요. 이들은 여전히 수많은 편견과 사회적 압력에 부딪히며 맞서고 있습니다.

'최초'라는 말의 숨은 의미가 여기 있습니다. 최초가 나왔다는 건, 우리 사회가 그동안 얼마나 오랫동안 보이지 않는 벽을 쌓아 왔는지 나타내는 증거이기도 합니다. 우리는 이 '최초'라는 단어를 통해서 두 가지를 배울 수 있습니다.

첫째, 누군가의 최초 기록을 마주할 때, 그 뒤에 숨은 차별과 편견의 역사를 함께 떠올려 봐야 합니다. 왜 그 전까지는 아무도 그 자리에 오르지 못했는지, 그 사람이 어떤 어려움을 이겨 내야 했는지 말이에요.

둘째, 우리 역시 자신도 모르게 가진 편견은 없는지 돌아봐야 합니다. 혹시 성별이나 나이, 출신 지역, 외모로 누군가를 판단하고 있지는 않은지, 그래서 누군가의 기회를 막고 있지는 않은지요.

권기옥이 세운 '최초'의 기록은 100년이 지난 지금도 우리에게 질문을 던집니다. 우리 사회에는 아직도 깨지지 않은 편견의 벽이 얼마나 남아 있을까요? 그리고 그 '최초'가 마지막 사례로 끝나지 않으려면 어떤 노력이 필요할까요?

'최초'라는 말은 끝이 아니라 시작입니다. 권기옥이 식민지 한국 여성이라는 벽을 넘어 하늘 높이 날아올랐던 것처럼, 우리 모두 편견과 차별의 벽이 없는, 더 높이, 더 자유롭게 날 수 있는 사회를 함께 만들어 가야 합니다. 그것이 모든 '최초'들이 우리에게 남긴 진짜 선물이니까요.

곧은 신념으로
역사를 바로 세운

땅을 잃은 민족은 다시 일어설 수 있지만,
역사를 잃게 되면 다시 살아날 수 없다.

"지금 강대국들에게 우리나라를 빼앗길 위기에 처해 있습니다. 우리 스스로 힘을 기르지 못하면 나라를 잃고 노예가 될 것입니다!"

1900년대 초반 어느 날, 학생들 앞에서 열정적으로 강의하는 한 청년 지식인이 있었습니다. 바로 스물여덟 살의 신채호였습니다.

신채호는 어릴 때부터 '신동'이라 불리며 이십 대의 젊은 나이에 성균관 박사에 임용되었습니다. 성균관 박사가 되면 높은 벼슬에 올라 편안한 삶을 살 수 있었지만, 그의 선택은 달랐어요.

1905년 일본이 대한 제국의 외교권을 박탈하기 위해 을사늑약을 강제로 체결하자, 신채호는 스스로 관직을 내려놓았습니다. 나라가 위기에 처한 상황에서 개인의 편안함만 생각하는 것은 부끄러운 일이라 여겼습니다.

그 후 신채호는 교육을 통해 민족정신을 일깨우는 데 힘썼습니다. 그는 신규식, 신백우 등과 함께 '문동 학원'을 세워 젊은 세대를 가르치고, 나라의 미래를 이끌어 갈 인재를 양성하고자 했습니다. 그에게 교육은 지식 전달이 아닌, 나라를 지키기 위한 가장 강력한 무기였어요. 이렇게 신채호는 위기의 시대에 교육을 통해 민족의 미래를 밝히고자 했습니다.

굽히지 않는 곧은 절개

신채호의 호 '단재'는 그가 지키고자 한 신념을 잘 보여 줍니다. 고려 말 충신 정몽주가 지은 〈단심가〉에 깊은 감명을 받아 '단(丹)'을 평생의 지향과 가치로 삼았는데요. 일제의 탄압에 굴하지 않고 곧은 신념을 지키겠다는 다짐이었지요.

신채호의 곧은 절개는 일상생활에서도 잘 드러났습니다. 전해지는 일화에 따르면, 세수할 때도 허리와 고개를 숙이는 법이 없었다지요. 주변에서 그의 행동을 말리자, "다만 고개를 숙이기가 싫을 따름이오."라고 답했다고 전해집니다. 세수할 때마저도 일제를 향해 고개를 숙이고 싶지 않았던 거예요.

〈시일야방성대곡〉으로 유명한 장지연은 신채호의 이러한 신념을 높이 평가하며 〈황성신문〉을 함께 이끌어 가자고 제안했습니다. 신채호는 〈황성신문〉의

〈황성신문〉 창간호

논설 기자로 활동하며 일본의 침략을 비판하는 글을 여러 편 발표했어요. 그의 뛰어난 문장력과 올곧은 신념은 많은 사람들에게 감동을 주었고, 신문이 나올 때마다 매번 큰 화제가 되었습니다.

신채호는 일제의 감시와 탄압 속에서도 자신이 옳다고 믿는 길을 묵묵히 걸어갔습니다. 강직한 그의 정신은 많은 사람들에게 독립에 대한 희망과 용기를 심어 주었지요.

우리 역사를 알리며 사람들에게 힘과 용기를!

"땅을 잃은 민족은 다시 일어설 수 있지만, 역사를 잃게 되면 다시 살아날 수 없다."

신채호는 애국심을 불러일으키기 위해 우리 역사 연구에도 큰 열정을 쏟았습니다. 그는 을지문덕, 이순신, 광개토 대왕, 동명 성왕 등 영웅들의 일대기를 집대성하여 사람들에게 힘과 용기를 전하고자 했어요.

신채호가 생각한 진정한 영웅이란 사람들과 고통을 함께하며 다른 세력의 도움 없이 스스로의 힘으로 나라를 지킨 사람들이었습니다. 그는 영웅들의 이야기를 〈대한매일신보〉에 연재하며, 일제의 탄압 속에서 새로운 민족 영웅

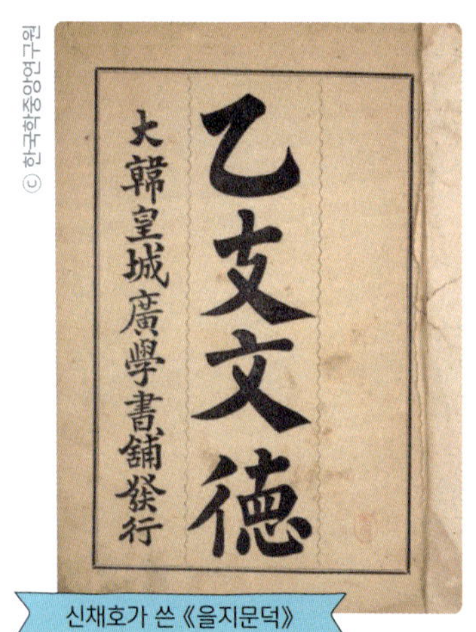

신채호가 쓴 《을지문덕》

이 탄생하기를 간절히 바랐습니다.

그는 우리 민족이 힘 있는 민족이 되려면 애국심을 가져야 하고, 애국심을 지니려면 우리 민족의 역사를 올바르게 알아야 한다고 생각했어요.

《조선 상고 문화사》를 연재한 신문

이에 김부식이 쓴《삼국사기》에 대해 '중국이 제일'이라는 중국 중심의 사대주의적 시각을 심어 놓고 우리 민족의 자주성을 드러내지 못했다며 날카롭게 비판했습니다.

1910년 일제의 탄압이 극심해지자, 신채호는 압록강을 건너 중국으로 망명했습니다. 만주 일대에서 독립운동을 하는 동시에 고대사를 깊이 연구하기 위해 고구려와 발해의 유적지를 직접 찾아다녔습니다. 그에게 역사 연구는 단순히 학문을 탐구하기 위한 것이 아니라, 빼앗긴 나라를 되찾기 위한 독립 투쟁이었던 것이지요.

한편, 일제는 1925년 '조선사 편수회'를 만들고 우리 역사를 조직적으로 왜곡했습니다. 조선 총독부가 설치한 조선사 편수회는 우리 전통을 하찮은 것으로 깎아내리고, 외세가 지배한 역사를 부풀리며 "조선인은 스스로 독립할 능력이 없다."는 식민 지배 논리를 정당화했지요.

신채호는 일제의 역사 왜곡에 적극적으로 맞섰습니다. 그의 이러한 노력은 《조선 상고사》, 《조선 상고 문화사》, 《조선사 연구초》 등의 책으로 결실을 맺었고, 일본의 식민주의 사학을 극복하는 근대적이고 자주적인 역사관 확립에 크게 기여했습니다.

✨ 의열단의 활동 지침, 〈조선 혁명 선언〉

1922년 어느 날, 신채호는 뜻밖의 방문객을 맞이했습니다. 바로 일제의 경제적 수탈과 억압에 맞서 '의열단'이라는 단체를 조직한 김원봉이었지요. 의열단은 주요 식민 지배 기관을 파괴하고, 조선 총독과 친일파 등을 암살하는 의열 투쟁을 펼치고 있었습니다.

"많은 사람들이 의열 투쟁의 필요성을 알 수 있도록 선생님께서 의열단 정신을 담아 선언문을 써 주셨으면 합니다."

김원봉의 요청을 받은 신채호는 깊이 고민한 끝에 상하이에 있는 의열단 본부로 향했습니다. 본부 내부는 물론 폭탄 제조소까지 직접 둘러본 후

의열단 단원들의 모습

〈조선 혁명 선언〉을 작성했습니다.

일본은 우리의 나라 이름을 지워 버렸고, 정부를 빼앗았으며, 삶에 꼭 필요한 모든 것을 몽땅 빼앗았다. 그러므로 일본과 타협하려 하거나 그 지배 아래에서 편안함을 찾으려는 사람은 모두 우리 민족의 적이다!

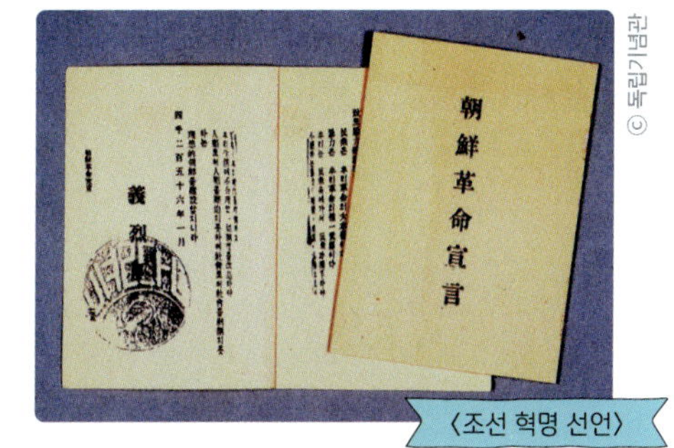

〈조선 혁명 선언〉

우리는 일본 제국주의를 기필코 무너뜨리고, 생활 곳곳에 남아 있는 불합리한 제도까지 철저히 개혁해야 한다. 그래야 사람 위에 사람이 서지 않고, 사회가 다른 사회를 억누르지 않는 새로운 조선을 세울 수 있다.

선언문에서 신채호는 일본의 제국주의를 강도에 비유하며, 민중이 직접 나서서 혁명을 일으켜야 한다고 역설했습니다. 김원봉은 이 선언문을 의열단 단원들의 품속에 지니게 하고 틈날 때마다 읽게 했습니다.

신채호의 선언문은 의열단 단원들에게 투쟁의 정신적 지주가 되었지요. 그에 힘입어 그들은 목숨을 걸고 의열 투쟁을 이어 갔습니다.

독립운동 과정에서 신채호는 점차 무정부주의에 관심을 가지게 되었습니다. 무정부주의란 '국가나 정부 없이도 사회가 평화롭게 공존할 수 있다'는 정치 철학인데요. 그는 여러 독립운동 세력들이 권력을 두고 갈등하는 모습을 보면서, 진정한 자유와 평등을 위해서는 어떤 형태든 강제적 권력은 사라져야 한다고 생각했습니다.

그 후 신채호는 동방 무정부주의자 연맹에 가입하며 본격적인 활동을 시작했습니다. 독립운동 자금을 마련하고자 외국의 위조지폐를 제작하는 일에도 관여했지요. 결국 이 일로 일본 경찰에 체포되어 뤼순 형무소에서 10년 형을 선고받았습니다.

감옥에서도 그의 의지는 꺾이지 않았습니다. 그의 역사 연구 결과물인 〈조선사 연구초〉 등이 〈조선일보〉와 〈동아일보〉에 연재되기도 했습니다. 그러나 혹독한 고문의 후유증과 영양실조로 건강이 급격히 나빠져,

1936년 2월에 뤼순 감옥에서 마지막 숨을 거두었습니다.

"내가 죽거든 왜놈들 발에 시체가 차이지 않게 화장해서 재를 바다에 뿌려 달라."

죽음을 앞두고도 일제에 대한 저항의 마음을 놓지 않았던 신채호는 광복을 보지 못한 채 56세의 나이로 세상을 떠났습니다. 그는 자신의 안위보다 나라의 독립을 위해 모든 것을 바쳤고, 역사 왜곡에 맞서 우리 민족의 자주성을 지키고자 애썼습니다.

민족의 밝은 등불과도 같았던 신채호의 삶을 되새기며, 역사를 공부하는 의미와 올바른 역사를 지키기 위한 노력이 왜 중요한지 다시 한번 깊이 생각해 보는 게 어떨까요?

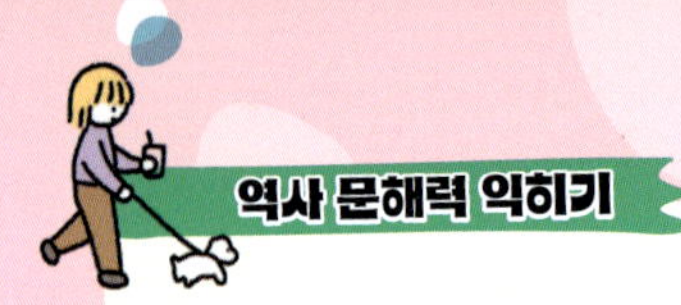

▶ 독립을 향한 용기와 신념, 의열 투쟁

의열단은 1919년 만주 지린성에서 김원봉을 단장으로 결성된 독립운동 단체입니다. 이들은 일본의 식민 통치에 맞서기 위해 무장 투쟁을 선택했지요. 너나없이 목숨을 걸고 일제의 핵심 기관과 친일 세력들을 공격했습니다.

박재혁은 부산 경찰서에, 김상옥은 종로 경찰서에 폭탄을 투척했고, 나석주는 동양 척식 주식회사와 조선 식산 은행을 공격했습니다.

1930년대에 들어서면서는 김구가 임시 정부의 승인 아래 '한인 애국단'을 조직했습니다. 한인 애국단은 이봉창과 윤봉길의 의거로 잘 알려져 있는데요. 이들의 투쟁은 침체되었던 독립운동에 새로운 활력을 불어넣었습니다.

그 당시 일제는 의열단과 한인 애국단의 의거를 '테러'라고 규정하고 부정적인 선전을 벌였습니다. 하지만 일본이 작성한 내부 문서에는 이들의 활동을 "만주 독립군 유격대처럼 한국 독립을 위해 싸우는 특공대의 특공 작전"이라고 기록되어 있었지요.

이는 공식 선전과 달리, 일본 내부적으로는 테러가 아니라 '독립 전쟁의 일환'으로 인정하고 있었다는 증거입니다.

이러한 의열 투쟁은 나라를 빼앗긴 절박한 상황에서 독립을 위해 선택한 수단이었습니다. 따라서 당시의 역사적 배경과 맥락을 세심히 살펴야 하며, 단순히 오늘날의 기준으로만 판단해서는 안 됩니다.

그 역사적 의미를 이해할 때 비로소 우리는 의열 투쟁을 전개한 사람들의 희생을 통해 부당한 상황에 맞서 행동하는 용기와 신념의 중요성을 배울 수 있습니다.

▶ 일제의 식민 사관에 맞서 우리 역사를 연구하다

일제는 1925년 한국사에 대한 부정적 인식을 심어 식민 지배를 정당화하기 위해 조선사 편수회를 조직한 뒤 식민 사관을 체계화하여 역사 왜곡을 자행했습니다.

"한국은 스스로 나라를 다스려 본 적이 없다."

"스스로 발전할 힘이 없으니 일본이 이끌어 주어야 한다."

"한국인은 서로 싸움만 일삼아 단결되기 어려운 민족이다."

이처럼 거짓된 논리로 일본은 자신들의 침략을 합리화했습니다. 역사학자들은 역사 연구와 저술 활동을 통해 식민 사관의 논리를 비판했는데요.

박은식은 '국혼'을 강조하며《한국 통사》와《한국 독립운동 지혈사》를 써서 일제 침략의 부당함을 알리고 독립운동의 역사를 체계적으로 정리했습니다. 그는 "나라는 없어질 수 있으나 역사는 없어질 수 없다. 나라는 형체이고 역사는 정신이기 때문이다."라고 말하며 민족정신의 중요성을 강조했습니다.

신채호는 고대사 연구에 주력하여《조선사 연구초》,《조선 상고사》를 통해 우리 민족이 가진 고유한 문화와 자주적 역사관을 강조했습니다. 역사를 '나(아)'와 '나 아닌 것(비아)'의 투쟁으로 보고, 민족의 정체성을 확립하고자 했지요.

이러한 민족주의 사학의 흐름은 1930년대 이후 정인보와 안재홍, 문일평 등이 이끈 조선학 운동으로 이어졌습니다.

민족주의 사학이 민족 정신을 강조한 것과 달리, 백남운은《조선 사회 경제사》를 펴내 식민 사관을 비판했습니다. "우리 조선의 역사적 발전의 전 과

정은…… 세계사적인 일원론적 역사 법칙에 의하여 다른 민족과 거의 같은 궤도로 발전 과정을 거쳐 온 것이다."라고 주장하며, 조선도 세계 여러 나라들과 비슷한 발전 과정을 거쳤다고 강조했어요.

이처럼 일제의 식민 사관에 맞서 자기 민족의 역사를 바로 세우려 했던 역사학자들의 노력은 독립운동의 한 축이 되었으며, 오늘날 우리가 역사를 바르게 이해하는 데 토대가 되었습니다.

지금 우리가 우리나라 역사를 올곧게 이어 가고 있는 것은 이 많은 사람들의 노력 덕분이겠지요? 역사를 제대로 이해하는 눈을 가져야 비로소 '나'를 바로 볼 수 있어요.

⠿ 일제 강점기에도 가짜 뉴스가?!

일제는 우리 역사를 교묘하게 왜곡해 왔습니다. 조선이 스스로 근대 문명을 만들 수 있는 능력이 없기 때문에 식민지가 될 수밖에 없다고 주장하며, 모든 책임을 조선에 떠넘겼습니다. 이는 일본의 식민 지배를 정당화하려는 주장으로, 요즘 말로 하면 일종의 '역사적 가스라이팅'인 셈이지요.

일제는 자신들의 주장을 뒷받침하기 위해 조선의 수많은 역사 자료 가운데서 자기들에게 유리한 것만 골라 사용했을 뿐 아니라, 의도적으로 왜곡하는 일도 서슴지 않았습니다. 심지어 여러 학자들을 동원해 이런 왜곡된 주장과 근거를 마치 객관적인 사실인 것처럼 널리 퍼뜨리기도 했지요.

신채호는 이러한 일제 강점기 조선의 역사를 왜곡하는 식민 사관에 강력히 맞서 싸웠습니다. 거짓과 진실을 가리기 위해 방대한 자료를 조사하고 비판적인 시각으로 역사를 재해석했지요.

지금 우리 사회에도 자료를 일부러 왜곡하거나, 입맛에 맞는 자료만 골라 가짜 뉴스를 퍼뜨리는 사람들이 있습니다. 이런 가짜 뉴스들은 시간이 지날수록 더욱 교묘해져 진짜와 가짜를 구별하기가 어려워집니다.

결국 많은 사람들이 잘못된 정보를 사실로 믿게 만들기도 하지요. 가짜 뉴스는 사회 전체를 혼란에 빠뜨릴 뿐 아니라, 진위 여부를 가리는 데만도 수많은 사회적 에너지를 소모하게 만듭니다.

그럴수록 우리는 인터넷에서 접하는 정보가 과연 사실인지 아닌지 스스로 판단할 수 있어야 합니다. 정보를 무조건 믿기보다는, 여러 출처를 확인하고 비교하며 사실 여부를 꼼꼼히 따져 보는 태도가 필요합니다. 그래야 잘못된 정보에 휘둘리지 않고, 비판적으로 사고할 수 있는 힘이 자라날 수 있거든요.

말과 글로
민족의 생명을 되살린

말은 곧 민족의 정신이며, 글은 민족의 생명입니다.

정신과 생명이 있는 한 그 민족은 영원불멸할 것이니,

행복 역시 필연적일 것입니다.

시끌벅적한 서당에 잠시 고요가 찾아왔습니다. 아이들이 기다리던 점심시간이 된 것이지요. 조용한 틈을 타 한 아이가 남몰래 서당 안으로 들어섰습니다. 아이는 책상에 놓인 종이를 유심히 살펴보더니, 빈 자리에 조심스럽게 글씨를 따라 쓰기 시작했습니다.

시간이 얼마나 흘렀을까요. 아이들이 다시 서당으로 들어오는 소리가 들리자, 그 아이는 서둘러 밖으로 나갔습니다. 점심을 먹고 온 아이들은 글자가 쓰인 종이를 들여다보며 이렇게 말했습니다.

"이극로가 또 왔다 갔나 봐!"

울불을 가리지 않는, 거침없는 아이

이극로는 1893년에 경남 의령의 가난한 집안에서 팔 남매 중 막내로 태어났습니다. 형편이 넉넉하지 않아 어려서부터 농사일을 도우며 바쁘게 살아야 했지요. 그는 밭 옆에 있는 '두남재'라는 서당에서 친구들이 종이에 쓴 글자를 따라 쓰며 어깨너머로 한문을 깨쳤습니다. 가난과 어려움 속에서도 배움을 향한 열정을 잃지 않았지요.

글을 깨친 이극로는 마을에 딱 한 부만 배달되던 〈대한매일신보〉를 빼놓지 않고 읽었습니다. 신문을 통해 접한 나라 안팎의 상황은 그야말로 풍전등화였습니다. 이극로는 조국이 처한 위태로운 현실을 깨닫고, 민족의 미래를 위해 자신이 무엇을 해야 할지 고민했습니다. 마침내 그는 더 넓은 세상에서 나라를 위해 할 수 있는 일을 찾기로 결심했지요. 그리하여 봇짐 하나만 어깨에 메고 의령에서 마산까지 걸어 가, 국권 회복을 목적으로 세워진 창신 학교에 입학하게 됩니다.

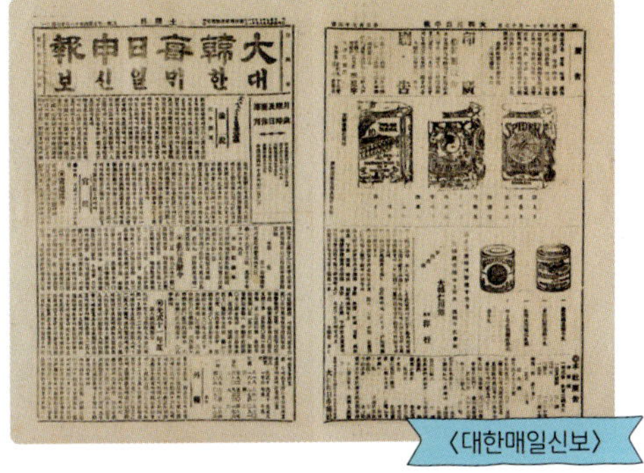

"평범한 농부의 아들이 아닌 나라를 위해 공부하는 사람이 되겠다."

이극로는 이렇게 다짐하며 지금까지 길렀던 긴 머리카락을 과감히 잘랐습니다. 그의 단호한 결심에 놀란 아버지와 형들이 머리를 다시 기르고 집으로 돌아오라고 거듭 권했지만, 이극로는 흔들리지 않고 학업에만 매진했습니다.

창신 학교에서 이극로의 별명은 '물불'이었습니다. 어느 날 학교에서 낙동강변으로 소풍을 갔는데, 호주 출신의 교사가 학생들에게 이렇게 말했습니다.

"조선이 일본의 지배를 받는 건, 조선 청년들에게 용기가 부족해서다. 정말 용기 있는 자가 있다면 저 강물에 뛰어들어 봐."

교사의 비꼬는 말투에 화가 난 이극로는 '언젠가는 꼭 독립을 이루겠다'고 다짐하며 망설임 없이 강물로 뛰어들었습니다. 식민 지배를 받는 약소국이라는 설움에 북받쳐, 말 그대로 '물불을 가리지 않고' 조선의 독립을 위해 온몸을 내던진 것이었지요.

타국에서 '우리말'의 중요성을 깨닫다

이극로는 창신 학교를 졸업한 뒤, 많은 독립운동가들이 만주에서 활동하고 있다는 소식을 듣고 무작정 걸어서 만주로 향했습니다. 국경을 넘는 길은 몹시 고되고 배가 무지 고팠습니다.

그는 지나가는 사람들을 붙잡고 밥을 좀 달라고 부탁했지요. 고추장이라도 있으면 같이 달라고 했지만, 사람들은 고추장이 무엇인지 알아듣지 못했습니다. 결국 이극로는 반찬도 없이 맨밥을 먹어야 했어요.

나중에 알고 보니, 북쪽 지방에서는 고추장을 '댕가지장'이라 부르고 있었습니다. 같은 민족인데도 지역에 따라 다른 말을 쓰고 있었던 것이지요. 이극로는 이 경험을 통해서 큰 깨달음을 얻었습니다.

"조선 사람들끼리도 말이 달라 서로 알아듣지 못한다면, 우리 민족의 단결이 어려울 수 있겠구나."

그는 같은 말을 사용한다는 것이 민족의 단결과 독립을 이루는 데 매우 중요한 과제라는 생각을 하게 되었어요.

훗날 이극로는 독립군으로 활동하다가, 조국의 현실을 국제 사회에 알리기 위해 평생지기 이우식에게 경제적인 도움을 받아 독일 베를린 대학교로 유학을 떠났습니다. 그곳에서 조선어 강좌를 직접 개설하고, 3년 동안 강사로 활동했지요.

어느 날, 서양 학생들에게 박지원의 〈허생전〉을 소개하며 조선어 강의를 하고 있었습니다. 한 수강생이 단어의 뜻을 모르겠다고 하면서, 조선어 사전이 있느냐고 물었지요. 이극로는 얼굴을 붉히며 조선어 사전이 없다고 대답했습니다.

"사전이 없는데 어떻게 문자가 있나요?"

그 수강생이 되물었어요. 그 순간 이극로는 우리말 사전을 만드는 일이 얼마나 필요한지 깨달았습니다.

유럽에 머무는 동안, 이극로는 아일랜드의 상황도 알게 되었습니다. 그 당시 아일랜드도 영국의 지배를 받고 있었기에, 사람들이 모국어인 게일어 대신 영어를 사용해야 했습니다. 거리의 간판은 물론 공문서까지 모두 영어로 바뀌면서 아일랜드의 언어는 점점 사라져 갔지요. 이 모습을 본

후, '조선도 이렇게 될 수 있겠다'는 생각에 큰 충격을 받았습니다.

"영국이 아일랜드에서 게일어를 없앤 것처럼, 일본도 언젠가는 우리말을 사라지게 만들 것이다. 나는 반드시 우리말을 지켜야 한다. 내 평생을 이 일에 바치겠다!"

이극로는 독일에서 돌아온 뒤, 사전을 편찬하는 데 온 힘을 쏟았습니다.

사전 편찬을 위한 말모이 운동

1921년 주시경의 제자들이 주축이 되어 한글 연구와 보급을 위해 결성된 '조선어 연구회'는 민족의식을 일깨우기 위해 1927년부터 《한글》이라는 잡지를 펴냈습니다. 또 훈민정음 반포 480주년을 기념해 '가갸날'을 제정하기도 했지요.

조선어 연구회는 1931년 조직을 개편해 '조선어 학회'로 이름을 바꾸었습니다. 이극로는 조선어 학회 간사장이 되어 일제의 우리말 말살 정책에 맞서 사전 편찬 작업을 이끌었습니다.

사전을 편찬하려면 먼저 전국 각지에서 쓰이는 다양한 말을 수집해야 했습니다. 이극로와 조선어 학회는 이 어려운 작업을 해결하기 위해 매우 창의적인 방법을 생각해 냈습니다.

〈한글〉 제1권 제3호

조선어 학회 회원 중 학교 선생님들이 특히 중요한 역할을 담당했는데요. 학생들에게 '시골말 캐기 잡책'이라는 공책을 나누어 주고, 각 지역에서 사용하는 독특한 말들을 기록해 오는 숙제를 낸 것이지요.

이렇게 1년 9개월 동안 전국 곳곳에서 학생과 교사 등 약 오천여 명이 참여한 대규모 '말모이' 운동은 우리 역사상 최초로 민간이 주도한 국어사전 자료 수집 프로젝트였습니다.

그 결과 일만 개가 넘는 우리말 단어가 모였고, 이 자료는 《사정한 조선어 표준말 모음》이라는 책으로 정리되어 우리말 사전 편찬의 중요한 토대가 되었습니다.

이제 전국 각지에서 모인 일만여 개의 단어 중에서 어떤 것을 표준어로

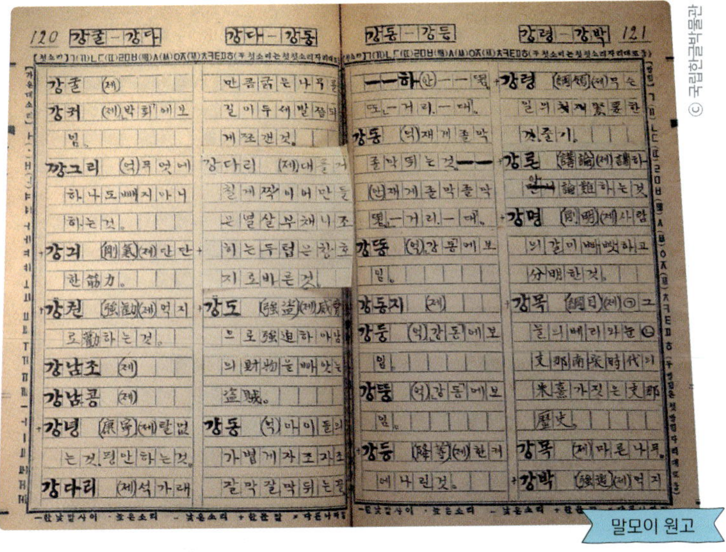

삼을지 기준을 세워야 했습니다. 이를 위해 조선어 학회는 '표준어 사정 위원회'를 구성했는데요. 서울과 경기 출신 위원을 절반 이상 포함하고, 나머지는 각 도의 인구수에 따라 배정하여 총 73명의 위원을 선정했습니다.

표준어는 당시 널리 쓰이던 서울말을 기준으로 삼되, 어법에 맞는 시골말도 함께 담으려고 노력했지요. 단어 하나하나를 두고 위원들은 진지하게 토론하며, 우리나라 역사상 처음으로 우리말의 '보물창고'를 체계적으로 정리해 나갔습니다.

그러나 일제는 민족의 언어와 정신을 지키려는 조선어 학회를 탄압하기 위해 1942년 '조선어 학회 사건'을 일으켰습니다. 이극로를 치안 유지법 위반 혐의로 검거하고, 약 16만 표제어가 담긴 사전 편찬 원고까지 빼앗아 갔지요.

다행히 1945년 8월 15일, 광복을 맞이하며 이극로는 석방되었습니다.

또한 놀랍게도 경성역(오늘의 서울역) 창고 구석에 재판 증거물로 쌓여 있던 사전 원고를 발견해 되찾을 수 있었지요. 이극로는 조선어 학회를 계승한 '한글 학회'에서 다시 사전 편찬

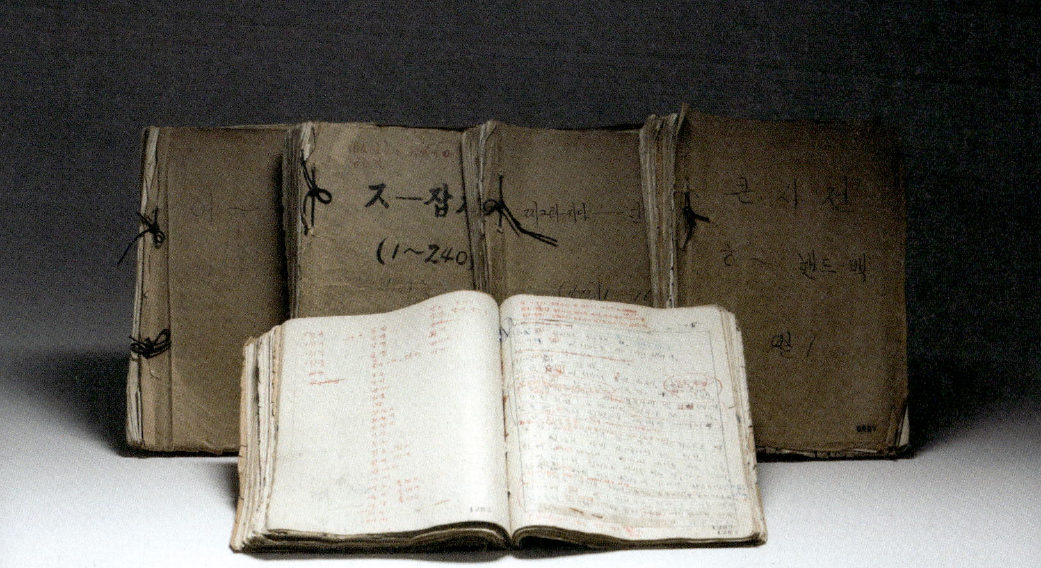

《우리말(조선말) 큰사전》 원고

작업에 나섰고, 1957년 마침내 《우리말(조선말) 큰사전》을 완간할 수 있었습니다.

《우리말 큰사전》은 단순한 사전이 아니라, 우리 민족이 말과 글을 지켜 낸 독립운동의 산물이자 한국어의 뿌리를 정리한 민족 유산이에요.

이극로의 일평생은 우리말과 한글을 지키기 위한 끊임없는 투쟁의 역사였습니다. 어린 시절 가난 속에서도 배움에 대한 열정을 놓지 않았던 소년은 나라가 위기에 처하자 민족의 정신이 담긴 우리말을 지키는 데 자신의 삶을 다 바쳤지요. 그의 삶은 우리에게 말과 글을 지킨다는 것은 곧 민족의 뿌리를 지킨다는 일이라는 것을 깊이 일깨워 줍니다.

▶ 사전을 만드는 게 '내란'이라고? 조선어 학회 사건

"조선의 독립을 꾀할 목표로 사전을 편찬하려 했으니 이것은 내란이다."

1942년에 우리말 사전을 편찬하던 학자들이 감옥에 갇혔습니다. 일제는 이를 '민족의식을 고취해 내란을 일으키려는 행위'라고 규정하고 가혹하게 탄압했습니다. 이것이 바로 '조선어 학회 사건'입니다.

사건의 발단에 대해 여러 이야기가 전해집니다. 대표적으로 알려진 것은 '일기장'과 관련된 것입니다. 여름 방학을 맞아 집으로 돌아가던 여학생들이 기차에서 우리말로 대화한 것이 경찰에게 발각되었습니다.

그 당시 일제는 조선어 사용을 금지하고 있었기에, 경찰은 이를 문제 삼아 조사를 시작했고, 그 학생의 집을 수색하다가 일기장을 발견합니다. 이 일기장에는 "일본어를 한마디 썼다가 선생님께 꾸지람을 들었다."는 구절이 있었는데, 일제 경찰은 이를 '조선어 사용을 권장하고 민족의식을 고취하는 교사가 있다'는 증거로 삼았습니다.

조사 과정에서 학생들에게 민족의식을 심어 준 교사로 조선어 학회에서 사전 편찬에 참여한 정태진을 지목하고 혹독한 고문을 가합니다. 일제는 이 사건을 확대하여 조선어 학회를 독립운동 단체로 규정하고, 관련 인사들을 대거 체포하지요.

조선어 학회 사건은 언어가 단순한 의사소통 도구를 넘어, 그 안에 민족의 정신과 역사, 문화가 담겨 있다는 것을 알려 줍니다. 일제가 한글을 말살하려 한 이유도 바로 이 때문이었습니다. 이극로의 말처럼 '말은 민족의 정신이고, 글은 민족의 생명'이니까요.

▶ 우리말과 한글을 지킨 영웅들

이극로와 함께 우리말을 지키기 위해 헌신한 영웅들이 있습니다. 이들은 모두 일제 강점기 암울한 현실 속에서도 우리말과 한글을 지키기 위해 기꺼이 목숨을 바친 애국자들이었습니다.

주시경 : 한글 연구의 기초를 다진 인물로, "말이 오르면 나라도 오르고, 말이 내리면 나라도 내린다."는 명언을 남겼습니다. 그는 한글의 과학적 체계를 연구하고 제자들을 양성하여 조선어 학회의 토대를 마련했지요. 특히 한글의 자음과 모음을 체계적으로 분류하고, 한글 맞춤법의 기초를 세웠습니다.

최현배 : '외솔'이라는 호로 유명한 최현배는 이극로와 함께 조선어 학회 사건으로 감옥에 갇혔던 인물입니다. 《우리말본》을 써서 한국어 문법을 체계화했고, 광복이 된 후에도 국어 순화 운동을 이끌며 일본어 잔재를 없애는 데 힘썼습니다. '말 모독은 곧 나라 모독'이라며 우리말의 소중함을 강조했습니다.

이윤재 : 사전 편찬 작업을 담당했던 핵심 인물로, 1942년 조선어 학회 사건으로 체포되어 혹독한 고문을 당하다가 감옥에서 숨을 거두었습니다. 그는 죽는 순간까지도 "우리말을 잊지 말라."는 유언을 남겼다고 전해집니다.

우리는 이들의 숭고한 희생을 기억하며, 일상생활에서 아름다운 우리말을 올바르게 사용하고 가꿔 나가야 할 책임이 있습니다. 이것이야말로 선조들의 숭고한 뜻을 이어받는 방법이 아닐까요?

⋮ 남북의 언어 장벽을 넘어 하나의 뿌리를 향해

남한과 북한이 분단된 지 70년이 넘었지만 여전히 서로 말이 통합니다. 억양이나 단어는 조금 다르더라도 북한 뉴스를 이해하거나 탈북민과 의사소통하는 데 큰 어려움이 없지요. 이렇게 오랜 시간 분리되어 살았는데도 남북의 언어가 완전히 달라지지 않은 이유는 무엇일까요?

그 이유는 바로 조선어 학회와 이극로를 비롯한 선구자들의 노력이 있었기 때문입니다. 이극로는 1930년대 조선어 학회에서 《사정한 조선어 표준말 모음》이라는 역사적인 규범집 작업을 주도했는데요.

이때 정한 표준어 원칙은 분단 이후에도 남북한 언어의 모두 공통된 기준으로 쓰였습니다. 서울말을 중심으로 하되 전국 각지의 좋은 말을 두루 받아들이자는 원칙, 한자어보다 순우리말을 우선한다는 방침이 공통된 언어의 바탕이 된 것이지요.

실제로 북한의 《조선어 규범집》을 살펴보면 1930년대 조선어 학회의 표준어 사정 원칙을 상당 부분 계승했다는 걸 알 수 있어요. 물론 '동무', '아바이' 같은 북한식 단어들이 생겨나긴 했지만, 문법 구조나 기본 어휘는 여전히 같은 뿌리를 공유하고 있습니다.

앞서 말한 대로 우리말이 두 지역에서 기본 구조와 어휘를 유지해 온 데는, 일제 강점기 때 민족의 언어를 지켜 낸 선각자들의 헌신이 있었습니다. 특히 조선어 학회의 표준어 제정과 한글 보급 노력, 그리고 다양한 방언을 존중하는 정책이 언어의 단절을 막는 중요한 기반이 되었지요.

　　분단 시대를 살아가는 오늘날에도 이극로의 선견지명은 여전히 빛을 발합니다. 진정한 언어 통합이란 억지로 맞추는 것이 아니라, 공통된 뿌리를 단단히 다지는 데서 시작되니까요.

　　여러분은 통일된 미래에 남북의 언어가 어떻게 하나가 될 수 있을지 상상해 본 적 있나요? 지금 우리가 할 수 있는 건 이극로의 뜻처럼 우리말의 뿌리를 지키고 이어 가는 것일지도 모릅니다.

[4]

더 나은 사회로
발돋움하다

저항의 목소리

민족의 아픔을
부끄러움으로 노래한

윤동주

인생은 살기 어렵다는데
시가 이렇게 쉽게 쓰여지는 것은
부끄러운 일이다.

윤동주 졸업 사진

"판결, 죄인 히라노마 도주를 징역 2년 형에 처한다!"

1944년 3월 31일, 일본 교토 지방 재판소에서 판결이 선고되었습니다. 일본 도시샤 대학교 영문과에 재학 중인 히라노마 도주는 조선의 독립과 민족의식을 높이려 했다는 이유로 체포되었어요. 그는 끝내 자신의 주장을 굽히지 않고 법정에서 당당하게 말했습니다.

"일본의 통치는 부당하고, 조선은 반드시 독립해야 합니다."

결국 그는 치안 유지법 위반 혐의로 후쿠오카 형무소에 수감되었습니다. 이 청년의 원래 이름은 윤동주! 〈서시〉와 〈쉽게 쓰여진 시〉, 〈별 헤는 밤〉 등으로 우리에게 잘 알려진 저항 시인이었습니다.

윤동주는 1941년 연희 전문학교(지금의 연세대학교)를 졸업한 뒤, 학문을 더 깊게 탐구하기 위해 일본으로 유학을 가기로 결심했습니다. 그 당시에는 일본으로 가려면 이름을 일본식으로 바꾸도록 강요(창씨개명)당했습니다. 어쩔 수 없이 윤동주도 '히라누마 도주'라는 일본식 이름을 쓰게 되었지요.

윤동주가 일본식 이름으로 바꾸기 5일 전인 1942년 1월 24일에 쓴 〈참회록〉의 1연입니다.

파란 녹이 낀 구리 거울 속에
내 얼굴이 남아 있는 것은
어느 왕조의 유물이기에
이다지도 욕될까

'참회'란 자신의 잘못을 깨닫고 깊이 뉘우친다는 뜻인데요. 일본식 이름으로 개명해야 하는 자신의 처지에 부끄러움을 느낀 나머지 이를 반성하고 참회하는 시를 남긴 것입니다.

그는 자신의 얼굴을 욕되다고 표현하며 부끄럽게 여깁니다. 3연에서는 "그 어느 즐거운 날에 나는 또 한 줄의 참회록을 써야 한다"고 하며, 설령 광복이 온다 하더라도 이름을 바꾼 과거를 잊지 않고 반성해야 한다고 생각했어요.

이처럼 윤동주의 시에는 '하늘을 우러러 한 점 부끄럼이 없기를'이나 '왜 그런 부끄러운 고백을 했던가'와 같이 부끄럽다는 표현이 자주 나옵니다. 억압의 시대에 적극적으로 저항하지 못하는 자신에 대한 자기 성찰이자 솔직한 고백이지요. 이는 단지 개인의 부끄러움에 머물지 않습니다. 일제의 강압적 정책과 식민지 현실에 대한 저항의 의지가 빼곡히 담겨 있으니까요.

1930년대는 일제가 전쟁을 통해 대외 팽창 정책을 실시하면서 조선에 대한 탄압을 더 가혹하게 강화하던 시기였습니다. 그러나 이런 억압 속에서도 경성 거리에는 전차가 다니고, 백화점이 들어서며, 거리거리엔 화려한 조명이 눈길을 사로잡곤 했습니다.

그런 변화의 물결 속에서 사람들은 정체성의 혼란을 겪기도 했어요. 이러다 일본으로부터 독립하는 것이 영영 불가능할지도 모른다는 절망감에 빠지기도 했습니다. 실제로 친일파로 변절하는 독립운동가도 있었고요.

이런 시대적 상황에서 윤동주가 조선인으로서의 정체성을 지키기 위해서는 큰 의지와 용기가 필요했을 거예요. 윤동주를 비롯해 끝까지 신념을 저버리지 않고 독립을 위해 노력한 수많은 이들의 희생을 우리가 꼭 기억해야 하는 이유이기도 합니다.

북간도와 조선, 그리고 일본으로

윤동주는 1917년 12월 30일, 중국 길림성 화룡현 명동촌에서 태어나고 자랐습니다. 명동촌은 조선인들이 모여 살던 민족 공동체로, 기독교 선교와 민족 교육, 항일 운동이 활발하게 이루어지던 곳이에요. 중요한 독립운동 거점 중 한 곳이라고 할 수 있지요. 그곳에서 윤동주는 자연스럽게 조선인으로서의 정체성을 키우고 기독교 신앙심을 쌓아 나갔습니다.

윤동주(왼쪽)와 송몽규의 중학교 시절

그러다 1935년에 전학 간 평양 숭실중학교에서 신사 참배를 거부했다는 이유로 교장을 파면시키는 일제의 탄압을 직접 마주합니다. 결국 고향 근처의 광명 학원으로 전학을 해서 졸업을 하게 되지요.

1938년에 연희 전문학교에 입학한 뒤 윤동주는 친구들과 문학 동아리 '문우회'를 결성해 본격적으로 시를 쓰기 시작했습니다. 그는 한글이 탄압받던 시기에도 끝까지 우리말로 시를 썼는데요. 이는 단순한 글쓰기를 넘어 문화적으로 일제에 저항하는 행위라 할 수 있었습니다. 졸업 기념으로 19편의 자작시를 모아 《하늘과 바람과 별과 시》를 출판하려다가 끝내 뜻

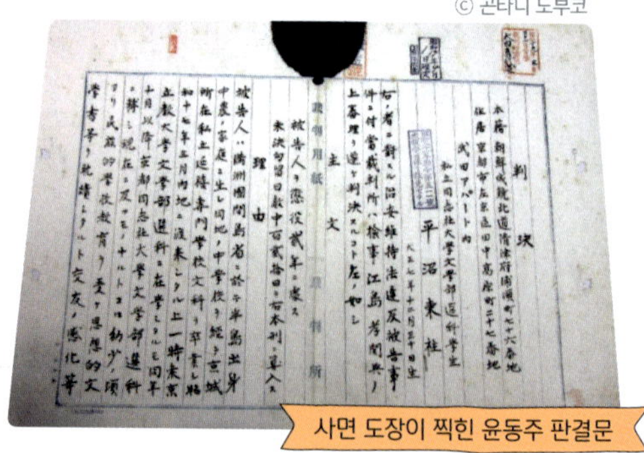

사면 도장이 찍힌 윤동주 판결문

을 이루지 못했어요.

연희 전문학교 졸업 후, 1942년에 일본으로 유학을 떠났습니다. 처음에는 릿쿄 대학교 영문과에 입학했다 가 1학기를 마치고 도시샤 대학교로 편입했지요. 일본 대학의 교실에서 '조선 청년'으로 살아가는 것 은 결코 쉽지 않았지만, 그는 꿋꿋이 자신의 신념을 지켜 나갔습니다.

1943년 7월, 윤동주는 고향 친구 송몽규와 함께 치안 유지법 위반 혐의 로 체포되었습니다. 교토 시모가모 경찰서에 구금되었다가 이듬해 3월, 교토 지방 재판소에서 징역 2년 형을 선고받고 후쿠오카 형무소로 이송되 었지요. 그리고 1945년 2월 16일, 광복을 불과 6개월 앞두고 스물일곱의 꽃다운 나이에 옥중에서 생을 마감했습니다.

그의 죽음에는 여전히 많은 의문이 남아 있습니다. 함께 수감되었던 송 몽규의 증언에 따르면, 형무소에서 정체불명의 약물 주사를 맞은 뒤 급격 히 건강이 악화되었다고 하니까요. 훗날 그가 생체 실험의 희생된 것이 아 니냐는 의혹이 제기되기도 했습니다.

펜을 들어 일제에 맞서다

1930~1940년대는 조선인들에게 가장 암울한 시기였습니다. 일제는

침략 전쟁을 확대하는 과정에서 조선인의 언어와 문화는 물론, 민족 정체성까지 철저히 말살하려 했지요.

그 당시 문인들의 선택은 크게 세 갈래로 나뉘었습니다. 일제에 적극 협력하는 친일하는 이들, 침묵하며 작품 활동을 중단한 이들, 그리고 직·간접적인 방식으로 저항하는 이들이었습니다. 윤동주는 세 번째 길을 걸은 저항 시인이었습니다.

그렇다면 저항시란 무엇일까요? 저항시는 식민지 지배 아래에서 민족의 아픔과 고통을 노래하고, 억압에 맞서 정신적 자유와 독립을 추구하는 시를 말합니다. 저항의 방식은 저마다 다양했습니다.

한용운은 〈님의 침묵〉에서 '님은 갔지마는 나는 님을 보내지 아니하였습니다'라고 노래하며, '님'이라는 상징을 통해 잃어버린 조국에 대한 그리움과 독립의 의지를 표현했습니다.

이육사는 〈청포도〉에서 '내 고장 칠월은 청포도가 익어 가는 시절'이라고 노래하며, 푸른 빛깔의 포도를 통해 조국 광복의 희망을 은유적으로 나타냈습니다. 그는 항일 운동에 직접 참여했다가 안타깝게도 옥중에서 순국했지요.

　그런데 윤동주의 저항은 조금 달랐습니다. 그는 화려한 수사나 직접적인 독립 구호 대신 자기 성찰과 부끄러움이라는 내면의 목소리를 통해 식민지 시대의 아픔을 표현했습니다. 〈서시〉에서 '죽는 날까지 하늘을 우러러 한 점 부끄럼이 없기를'이라고 노래한 것처럼 그는 양심과 정의를 지키려는 몸부림을 시로 담아냈습니다.

　윤동주의 시는 보편적인 인간의 양심과 정의에 호소합니다. 민족주의를 넘어 인류 보편의 가치를 노래했기에 시대와 국경을 초월한 감동을 전하지요. 윤동주가 노래한 부끄러움과 성찰은 꾸며 낸 표현이 아니라, 그가 실제로 경험하고 깊이 고민했던 내면의 목소리를 진정성 있게 담았기에 더욱 큰 울림을 줍니다. 무엇보다 윤동주의 시는 희망을 담고 있습니다.

윤동주 시집 《하늘과 바람과 별과 시》

별 하나에 추억과

별 하나에 사랑과

별 하나에 쓸쓸함과

별 하나에 동경과

별 하나에 시와

별 하나에 어머니, 어머니

〈별 헤는 밤〉에서는 어두운 시대에도 밤하늘의 별처럼 빛나는 소중

© 한국관광공사, 최린

한 가치들을 잊지 않았습니다.

우리가 살아가는 세상에서 '부끄럼 없는 삶'은 어떤 모습일까요? 거창한 영웅주의가 아니라, 일상 속에서 양심을 지키고, 자신을 성찰하며, 정의로운 세상을 향해 작은 목소리를 내는 것. 그것이 바로 윤동주가 우리에게 가르쳐 준 삶의 태도가 아닐까요?

▶ 시대와 타협한 작가들이 남긴 숙제, 친일 예술가

친일 예술가란 일제의 식민 지배를 미화하거나, 일본의 전쟁을 찬양하는 작품을 만들어 일본에 협력한 사람들을 뜻합니다.

오랫동안 청년들의 지지를 받아 온 작가인 최남선과 이광수는 1930년대부터 본격적으로 일본의 침략 전쟁을 찬양하고, 조선인 청년들이 전쟁터로 나가도록 독려하는 작품을 발표했습니다. 음악가 홍난파는 전시 동원 정책에 협력해 전쟁을 미화하는 곡을 작곡하고 연주하며 일본의 침략을 정당화하는 데 앞장섰습니다.

화가 김기창은 일본군을 영웅으로 묘사하는 그림을 그리며 전쟁 선전에 동원되었고, 화가 김은호도 일본의 일왕과 일본군을 찬양하는 그림을 그렸지요. 그 당시 많은 사람들에게 사랑받던 시인 서정주와 노천명 역시 일제 강점기 후반, 일본의 침략 전쟁을 미화하는 작품을 여러 편 발표했습니다.

그들은 왜 그런 선택을 했을까요? 몇몇은 일본의 탄압과 압력을 견디지 못했고, 몇몇은 개인적인 명예와 이익을 위해 스스로 친일의 길을 선택했습니다.

친일 예술가들의 행적은 오늘날 우리에게 중요한 질문을 던집니다. 뛰어난 예술 작품과 그것을 만든 사람의 삶을 완전히 분리할 수 있을까요?

우리는 작품 속에 담긴 아름다움뿐만 아니라, 그 작품을 통해 우리가 마주해야 할 시대의 진실과 인간으로서의 도덕적 책임까지 함께 고민할 수 있어야 합니다. 그것이 바로 진정한 예술의 가치이며, 우리가 역사를 통해 배울 수 있는 소중한 교훈이니까요.

▶ 일제의 황국 신민화 정책과 민족 문화 말살

1930년대부터 일제는 침략 전쟁을 확대하면서 한국인을 전쟁 수행에 동원하기 위해 '황국 신민화 정책'을 본격화했습니다. 일제는 '내선일체'라는 구호를 내세워 일본과 조선이 하나라는 사상을 주입했지만, 실제로는 철저한 민족 차별이 있었습니다. 대표적으로 같은 일을 해도 일본인은 조선인보다 훨씬 많은 임금을 받았지요.

황국 신민화 정책의 핵심 수단으로는 먼저 "우리는 대일본 제국의 신민입니다."로 시작하는 '황국 신민 서사'를 매일 암송하게 했습니다. 또 매월 1일 애국일에는 신사 참배를, 매일 아침에는 일왕이 있는 방향으로 절하는 궁성 요배를 강요당했지요. 1940년에는 조선인의 이름을 일본식으로 바꾸게 하는 창씨개명이 시행되었고, 이를 거부할 땐 식량 배급이나 학교 진학에 불이익이 따랐습니다.

또한 1938년부터는 '애국반'이라는 조직을 만든 뒤 조선인의 일상생활을 감시하고, 노동력과 자원을 강제로 동원했습니다. 1940년에는 〈동아일보〉와 〈조선일보〉 등 한국어 신문이 폐간되었고, 1941년에는 '조선 교육령' 개정으로 한국어는 선택 과목으로 축소되고, 모든 수업이 일본어로만 진행되었습니다. 심지어 1942년에는 조선어 사전 편찬 사업을 추진하던 조선어 학회 회원들을 탄압하는 사건이 일어났습니다.

이처럼 일제는 조선인의 언어, 이름, 문화, 일상까지 철저하고 체계적으로 통제하며 민족 정체성을 말살하려 했습니다. 그러나 윤동주와 같이 끝까지 자신의 정체성을 지키며 저항한 애국자들이 수없이 많이 있었기에, 광복 후

우리의 소중한 언어와 문화를 되찾을 수 있었습니다.

　이러한 역사는 지금을 살아가는 우리에게 민족의 정체성과 문화의 소중함을 깊이 일깨워 줍니다.

　요즘 우리는 한국의 음악, 영화, 문학 등이 세계적으로 주목받는 시대를 살아가고 있어요. 이러한 문화적 성취는 과거 일본이 민족 말살 정책을 통해 한국인의 정체성을 지우려 했던 역사를 떠올리면 참 값진 문화적 성취라는 생각이 들지 않나요?

⁞ 완벽해 보이는 시대, 부끄러움을 마주할 용기

요즘 우리는 부끄러움을 드러내기보다 감추는 데 더 익숙한 세상에 살고 있는 것 같습니다. 인스타그램이나 유튜브 같은 SNS에는 자랑할 만한 모습만 올라오고, 누군가의 실수는 순식간에 퍼져 조롱의 대상이 되기도 하지요. 이런 분위기 속에서 자신의 부족함을 솔직히 인정하는 일은 점점 더 어려워지고 있는 건 아닌지 돌아보게 됩니다.

윤동주는 〈쉽게 씌어진 시〉에서 "시가 이렇게 쉽게 쓰여지는 것은 부끄러운 일이다."라고 고백했습니다. 그는 일제 강점기라는 암울한 시대 상황을 핑계 삼지 않았습니다. 오히려 민족의 위기 앞에서 쉽게 시를 쓰는 행위가 부끄럽다고 말해, 깊디깊은 자기 반성을 느끼게 해 주었습니다.

부끄러움을 안다는 것은 결코 나약한 것이 아닙니다. 오히려 자신의 감정을 회피하지 않고 마주할 수 있는 용기 있는 태도입니다. 사람은 완벽하지 않기에 누구나 실수할 수 있습니다.

하지만 그 실수 앞에서 느끼는 부끄러움은 오히려 우리를 더 깊고 성숙한 사람으로 만들어 주는 디딤돌이 됩니다. 우리 안의 약함과 모순까지도 인정하고 받아들일 수 있을 때, 비로소 진정한 성장이 시작될 테니까요.

윤동주는 자신의 시를 통해 감정을 솔직하게 마주하고, 있는 그대로의 자신을 인정했습니다.

여러분도 오늘부터 자기 자신을 조용히 들여다보는 시간을 가져 보면 어떨까요? 감정을 솔직하게 마주하는 사람은 자신을 더 깊이 이해하게 됩니다.

　그리고 그 이해는 여러분의 삶을 더욱 단단하게 만들어 줄 것입니다. 윤동주처럼 부끄러움을 감추지 않고 마주할 수 있는 용기가 여러분 안에도 분명 있을 거예요.

일제가 새긴 고통을
세상에 증언한

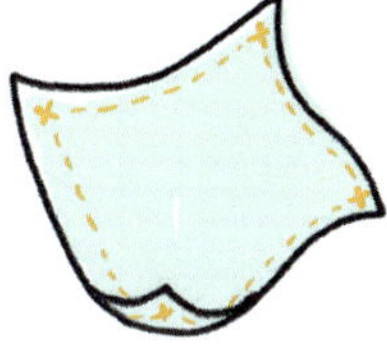

나는 일본 군대 '위안부'로

강제로 끌려갔던 김학순입니다.

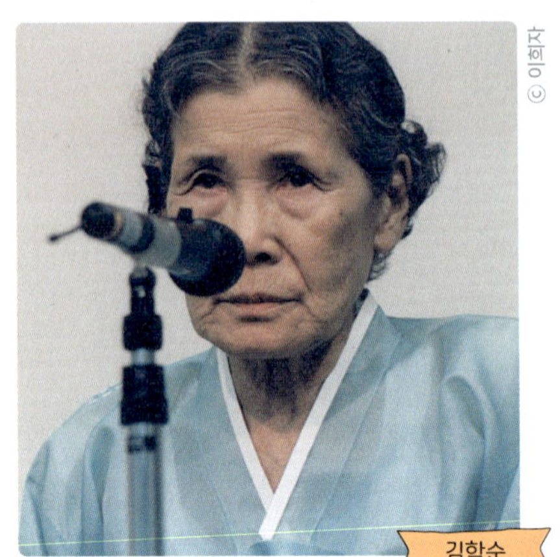

김학순

　1991년 8월 14일 오전, 서울의 작은 사무실에서 한 할머니가 수많은 카메라와 기자들 앞에 섰습니다. 긴장된 표정이 역력한 할머니는 숨을 크게 들이쉬더니 주먹을 꼭 쥐고 굳게 닫혀 있던 입술을 열었습니다.

　"나는…… 일본 군대 '위안부'로 강제로 끌려갔던 김학순입니다."

　입을 뗀 할머니는 반세기 넘게 가슴속에 묻어 두었던 진실을 세상에 알리기 시작했습니다. 모두가 숨죽여 말을 들었지요. 그렇게 일본군 '위안부' 피해자, 예순일곱 살의 김학순이 세상 앞에 섰습니다.

50년의 침묵을 깨트리다

　그 당시 일본 정부는 일본군 '위안부' 동원에 국가가 관여했다는 사실을 완강히 부인하고 있었습니다. 그래서 피해자들은 50년이 넘는 세월 동안 자신의 아픔을 세상에 드러내지 못했지요. 사회의 차가운 시선과 편견, 차별이 두려워 일본의 거짓 주장 앞에 침묵할 수밖에 없었습니다.

텔레비전 속 김학순의 떨리는 증언을 접한 다른 피해자 할머니들은 "가슴이 뛰어서 터지는 줄 알았다."라고 그 순간을 회상했습니다. 이후 오랫동안 이어진 침묵이 깨지고, 피해자들이 하나둘 자신의 이야기를 털어놓기 시작했지요.

"내가 곧 살아 있는 증거다."

김학순의 이 한마디가 일본군 '위안부' 문제의 역사적 진실을 밝히며, 세계의 역사를 다시 쓰는 첫걸음이 된 것입니다.

빼앗긴 열일곱의 봄날

1924년에 만주 지린시에서 태어난 김학순은 백일이 되기도 전에 아버지를 여의고 어머니와 함께 평양으로 갔습니다. 열일곱 살이 되던 1941년, 새아버지를 따라 중국으로 갔다가 일본군에게 넘겨져 '군 위안소'로 끌려갔습니다. 그곳에는 이미 여러 명의 한국 여성이 있었지요.

도망가려 하면 구타를 당했을 뿐 아니라, 군인들이 토벌을 다녀오는 날이면 하루에 일고여덟 명의 군인들을

일본군 '위안부' 피해자

상대해야 했습니다. 떠올리는 것조차 고통스러운 여러 달을 보낸 끝에, 김학순은 조선인 장사꾼의 도움을 받아 극적으로 탈출했습니다. 그 후 중국 상하이 프랑스 조계(개항 도시의 외국인 거주지)에서 새 삶을 시작했습니다.

1946년에 해방된 조국으로 돌아와 결혼하여 가정을 꾸렸지만 불행은 계속되었습니다. 한국 전쟁 중 남편을 잃었고, 어린 아들마저 익사 사고로 떠나 보냈지요. 홀로 남은 김학순은 날품팔이와 행상, 파출부 일을 하며 힘겨운 삶을 이어 갔습니다.

그러다 1990년, 일본 국회는 군 '위안부' 문제에 당시 정부가 관여하지 않았다고 공식적으로 발표했습니다. 이에 격분한 김학순은 결국 50년 만에 처음으로 자신이 겪은 아픔을 세상에 알리기로 결심했습니다.

"일본에게 억울한 일이 많고 내 인생이 하도 원통해서 어디든 이야기라도 하고 싶었던 참이라 내가 일본군 '위안부'였다는 사실을 이야기했다."

✨ 진실을 알리기 위한 여정

첫 증언을 시작으로 오랜 세월 가슴에 묻어 두었던 고통을 세상에 알린 김학순은 더 큰 용기를 냈습니다. 1991년 12월, 일본 도쿄 지방 법원에 일본 정부를 상대로 보상을 청구하는 소송을 제기한 것인데요. 일본 곳곳에서 그녀의 증언을 듣기 위한 집회도 열렸습니다.

"나는 일본 깃발만 봐도 지금까지도 치가 떨려요. 가슴에 품은 한을 어떻게 풀어야 할지, 풀 수가 없어요."

가해국의 도시에서, 가해자들의 후손을 앞에 두고, 말로 옮기기조차 무거운 진실을 증언하는 일은 큰 고통이 따랐지만, 그는 힘 있는 목소리로 자신이 겪은 이야기를 쏟아 냈습니다.

김학순의 증언은 예상보다 훨씬 큰 반향을 일으켰습니다. 한 일본인 남성 기자가 그의 숙소를 찾아와 눈물을 흘리며 사죄할 정도였으니까요.

진실을 알린 그의 용기는 세상을 움직이는 힘이 되었습니다. 김학순이 처음 피해 사실을 증언한 8월 14일을 일본군 '위안부' 피해자 기림의 날로 제정하고 그 뜻을 기리고 있습니다.

김학순이 증언하는 동안, 곁에서 힘이 되어 주고 손을 꼭 잡아 준 이들이 있었습니다. 그중 이화여대 윤정옥 교수는 1990년부터 한국 교회 여성 연합회에서 일본군 '위안부' 문제 대책 위원장을 맡아 피해자 발굴과 지원 활동을 해 왔습니다. 피해자들을 직접 찾아다니며 증언

대구의 희움 일본군 '위안부' 역사관

을 기록했고, 김학순의 용기를 북돋아 주는 든든한 지지자가 되어 주었지요.

윤정옥 교수는 함께 활동한 이화여대 이효재 교수와 '한국 정신대 문제 대책 협의회(정대협)'를 공동 설립했습니다. 두 여성학자는 1992년 첫 '수요 시위'를 시작으로 피해자 증언 수집, 생활 지원, 국제 연대 캠페인까지 이끌며, 할머니들이 더 이상 혼자가 아니라는 것을 온 세상에 알렸습니다. 이들의 연대는 여성 인권과 평화를 위한 시민운동의 출발점이 되었습니다.

세계와 연대하여 목소리를 높이다

김학순의 증언은 한국을 넘어 전 세계로 퍼져 나갔고, 새로운 증언을 끌어내는 역할을 했습니다. 1992년에 네덜란드의 얀 루프 오헤른은 유럽에서 처음으로 "일본군이 인도네시아 수용소에서 우리를 끌고 갔다."라고 증언하며 국제적인 관심을 불러일으켰습니다.

이어서 말레이시아의 로잘린 소우, 필리핀의 로사 헨슨 등 각국의 피해자들도 침묵을 깨고 용기 있게 나섰습니다. '살아 있는 증거'인 피해자들의 증언이 이어지면 이어질수록 일본군 '위안부' 제도가 조직적이고 광범위한 전쟁 중 성폭력이었다는 사실이 명확해졌습니다.

이처럼 한 사람의 용기와 그를 향한 따뜻한 응원과 지지들은 더 큰 움직임으로 퍼져 나갔습니다. 1992년 1월 8일, 일본 대사관 앞에서는 첫 수요 시위가 시작되었습니다.

종로 거리를 지나던 수많은 시민들은 박수를 치며 지지를 보냈고, 피해자들은 '더 이상 우리가 부끄러워할 것이 없다'는 용기를 얻었습니다. 30년이 넘는 세월 동안 비가 오나 눈이 오나 매주 이어진 이 수요 시위는 세계에서 가장 오래 지속된 평화 시위가 되었습니다.

1993년 8월, 일본 정부는 '고노 담화'를 통해 처음으로 일본군의 관여와 강제성을 인정하고 사죄했습니다. 하지만 법적 책임을 회피하려는 태도는 계속되었습니다.

2000년에는 도쿄에서 '일본군 성 노예 전범 여성 국제 법

ⓒ 동북아역사재단

정'이 열렸습니다. 비록 법적 구속력이 없는 시민 법정이었지만 10개국의 피해자들과 증인들이 참석해 일본군 '위안부' 제도의 반인도적 범죄성을 명확히 입증했습니다.

⭐ 아직 끝나지 않은 이야기

1997년에 일흔네 살의 나이로 세상을 떠날 때까지, 김학순은 일본 정부의 진정성 있는 사죄를 요구하는 활동을 멈추지 않았습니다. 그의 용기는 이제 세계 곳곳에서 피해자의 명예 회복을 위한 움직임으로 이어지고 있습니다.

미국, 독일, 캐나다 등 여러 나라에 평화의 소녀상이 세워졌고, 유엔 인권 위원회는 일본군 '위안부' 제도를 '여성에 대한 조직적 성 노예제'로 규정하며 일본 정부에 법적 책임 이행을 권고했지요.

하지만 진실을 부정하려는 시도 또한 계속되고 있습니다. 일본 정부는 각종 교과서에서 관련 내용을 삭제하고, 각국의 평화의 소녀상 철거를 요

서울 남산에 있는 일본군 '위안부' 피해자 기림비

구하며 역사 왜곡을 이어 가고 있습니다. 일본 대사관 앞에서 열리는 수요 시위는 30년이 넘도록 이어지고 있지만, 이를 방해하는 세력들의 집회도 함께 벌어지고 있는 실정입니다. 가장 안타까운 점은 오늘날까지도 세계 곳곳에서 김학순이 겪은 것과 같은 전시 성폭력 또한 여전히 발생하고 있다는 사실입니다.

평화의 소녀상

"앞으로는 전쟁도 하지 말고, 잘못한 것은 잘못했다고 말 한마디라도 꼭 해 주었으면 좋겠습니다."

김학순의 이 마지막 바람은 아직도 이루어지지 않았습니다. 2025년 현재, 한국에 등록된 일본군 '위안부' 피해자는 단 여섯 명만이 생존해 있습니다. 이제 역사의 진실을 기억하고 정의를 실현하는 일은 우리의 몫이 되었습니다.

▶ 일본군 '위안부' 관련 용어 바르게 쓰기

일본군이 설치한 '군 위안소'에 강제로 동원된 여성들의 이야기가 공론화되기 전까지 '정신대', '종군 위안부' 등 여러 용어가 사용되었습니다. 이 용어들의 의미를 정확히 이해하고 바르게 사용해야 합니다.

'정신대'는 본래 '여자 근로 정신대'의 줄임말로, 나라를 위해 몸을 바쳐 어떤 일을 한다는 뜻입니다. 일제에 강제로 징용되어 군수 공장이나 조선소 등에서 노동 착취를 당한 여성을 가리킵니다. 노동 착취와 성 착취는 본질적으로 다르기 때문에 김학순 할머니와 같은 사례에 '정신대'라는 용어를 사용해선 안 됩니다.

'종군 위안부'의 '종군'이라는 표현은 자발적으로 군대를 따라다녔다는 뜻이어서, 이 역시 강제로 끌려간 피해자들의 경험과 맞지 않습니다.

일본군 '위안부'는 일본군이 1930년대부터 1945년 종전까지 군의 사기 진작과 성병 예방을 명분으로 설치한 '군 위안소'에 식민지 여성들을 강제로 동원해 성 노예로 만든 전쟁 범죄를 가리키는 용어입니다.

여기서 '위안부'는 일본이 만든 완곡어로, 군인을 '위로하고 안심시키는 여성'이라는 뜻을 담고 있어요. 끔찍한 범죄의 실상을 감추고 미화하려는 의도가 숨어 있지요.

국제 사회에서는 일본군 '위안부' 문제를 '성 노예'로 명확히 규정하고 있습니다. 한국에서는 가해자인 일본군의 책임을 분명히 하기 위해 일본군 '위안부'라는 표현을 사용합니다. 여기서 작은따옴표는 '위안부'라는 단어가 실제 의미를 왜곡하고 있음을 비판적으로 인식하기 위한 표시입니다.

▶ 일제 강점기의 치욕과 고난을 기억하며

1929년 미국에서 시작된 대공황은 전 세계에 심각한 영향을 미쳤고, 일본 역시 경제 위기에 처하게 되었습니다. 이를 극복하기 위해 일본은 조선을 본격적으로 수탈하기 시작했지요.

1937년 중일 전쟁이 일어난 뒤에는 조선을 대륙 침략을 위한 병참 기지로 삼고 물자와 인력을 대대적으로 동원하는 국가 총동원법을 시행했습니다.

조선인 청년들은 강제로 징집되어 끌려갔고, 수많은 사람들이 공장과 광산, 항만 등에서 가혹한 조건의 강제 노동에 시달렸습니다. 김학순과 같은 수많은 여성들 역시 일본군에 의해 '군 위안소'에 강제로 끌려가 인간 이하의 성적 착취를 당하는 고통을 겪어야 했지요.

또한, 일본은 무기 제작을 위해 농기구나 놋그릇 같은 금속 제품을 강제로 수거했고, 국민들에게는 국방 헌금 납부를 강요했습니다. 쌀과 보리 같은 주식도 '공출'이라는 이름으로 강제로 빼앗겨, 조선인들은 식량 배급표에 의존해 끼니를 가까스로 해결해야 했습니다.

이러한 일제의 만행은 생존해 있는 피해자들의 증언과 함께 사도 광산, 미쓰비시 나가사키 조선소와 같은 강제 노동 현장에 고스란히 그 흔적이 남아 있습니다. 특히 사도 광산은 2024년 유네스코 세계 문화유산에 등재되었으나, 일본이 강제 노동 현장이었음을 숨기고 있어 비판을 받고 있어요.

일본 정부는 오늘날까지도 여전히 역사적 책임을 부정하거나 축소하려는 태도를 보이고 있습니다. 진실을 직시하고, 피해자들의 존엄을 회복하는 일은 여전히 우리가 함께 해결해야 할 과제입니다.

⋮ 침묵을 깬 하나의 목소리, 세상을 바꾸다

김학순 할머니는 사회의 차갑고 편견 어린 시선에도 불구하고 일본군 '위안부'였던 자신의 과거를 세상에 처음으로 용기 있게 밝혔습니다. 그동안 감춰져 있던 일제 강점기의 아픈 역사가 세상에 드러나면서, 여성 인권과 전쟁 범죄에 대한 전 세계의 관심도 높아졌지요.

이런 모습은 오늘날 '미투 운동'과도 비슷합니다. 성폭력이나 성희롱 피해자들이 "나도 그렇다(Me too)."라고 말하며 자신의 경험을 드러낸 것 역시 김학순 할머니처럼 한 사람의 용기 있는 고백에서 시작되었기 때문입니다.

처음 목소리를 낸 사람들이 있었기에, 다른 피해자들도 "나 혼자가 아니구나." 하며 서로의 아픔에 공감하고 연대하는 마음을 갖게 되었고, 사회 역시 이 문제를 외면할 수 없게 되었습니다.

우리나라에서는 2016년에 문화계 성추문 폭로 사건으로 미투 운동이 시작되었는데요. 2018년에 검찰청 내부 성추행 사실이 폭로되면서 미투 운동이 가속화되었지요.

그 후 성희롱이나 성폭행뿐 아니라 약자에게 암묵적으로 이루어지는 불합리한 경험을 공유하고, 올바른 사회를 만들어 가자는 취지의 웹 사이트가 개설되기도 했고요.

미투 운동은 기본적으로 성별과 관련된 인권 침해 문제였지만, 특히 권력에 의한 갑을 관계에서 발생하는 문제라는 점에서 많은 사람들의 공감을 불러일으켰어요.

이는 단순한 개인의 피해를 넘어 사회 전체의 불평등한 권력 관계와 약자가 겪는 피해에 대한 문제를 제기하는 것이었습니다.

하지만 여전히 우리 사회 곳곳에서는 불의한 일들이 벌어지고 있습니다. 학교에서 일어나는 따돌림과 괴롭힘, 직장 내 갑질, 디지털 성범죄, 사이버 폭력 등 새로운 형태의 문제들도 계속해서 나타나고 있지요.

이런 문제들 앞에서 "내가 뭘 할 수 있겠어?"라고 생각하기 쉽지만, 한 사람의 선택이 커다란 사회적 변화를 이끌 수 있습니다. 김학순 할머니처럼 내가 옳다고 믿는 일에 목소리를 내고, 불의한 상황 앞에서 침묵하지 않는 태도는 세상을 바꾸는 첫걸음이 됩니다.

지금 우리가 누리는 많은 권리와 자유는 결국 용기 있는 사람들의 작은 외침에서 시작되었다는 사실을 잊지 않기를 바라요.

노동 운동의
뜨거운 불씨가 된

올해와 같은 내년을 남기지 않기 위하여
나는 결코 투쟁하련다. 역사는 증명한다.

전태일

새벽 7시, 청계천 평화시장 '벌집 공장' 안에서 전태일은 날카로운 재단 가위를 움직이며 옆을 힐끔 바라보았습니다. 환풍기 하나 없는 다락방에서는 재봉틀 바늘이 쇳소리를 내며 쉴 새 없이 왕복했고, 좁은 형광등 아래에는 앳된 여공들이 허리를 굽힌 채 앉아 있었습니다. 다리미에서 피어오른 열기로 가득한 공장 내부는 금세 희뿌옇게 흐려졌습니다.

벌집 공장의 바보들

그때였습니다. 바로 옆자리에서 박음질하던 소녀가 갑자기 가슴을 움켜쥐더니, 검붉은 피를 '컥!' 하고 토했습니다. 새빨간 핏물이 순식간에 흰 천 위로 번졌지요. 한없이 거친 기침 소리는 쇳소리처럼 날카로웠습니다. 놀란 동료들이 작업을 멈췄지만 현장 반장은 눈살을 잔뜩 찌푸린 채 윽박

질렀습니다.

"일단 밖으로 나가서 정리하고 와!"

전태일은 작업대를 박차고 일어나 소녀를 부축했습니다.

"병원부터 가야 해!"

그러나 소녀는 고개를 세차게 저으며 눈물을 삼켰습니다.

"저, 오늘 일 못 끝내면 잘려요……."

다음 날 공장에서는 아무런 설명도 없이 재봉틀을 치우고 소녀를 내쫓았습니다. 공장 안에는 바늘 소리만 삭막하게 이어졌지만, 전태일의 귓가에는 여전히 '쿨럭'거리던 기침 소리가 맴돌았습니다.

열악한 작업 환경 속에서 인간 이하의 대우를 받는 소녀들의 모습은 그에게 깊은 충격을 주었습니다. 이들은 햇빛도 들지 않는 좁은 작업장에서 하루에 열네 시간씩 일했고, 과도한 작업량을 감당하기 위해 잠을 쫓는 약을 먹으며 밤샘 작업을 하기도 했습니다.

그런데 하루 임금은 커피 한 잔 값도 되지 않는, 고작 오십 원에 불과했습니다. 전태일은 자신이 그동안 불합리한 노동 환경과 부당한 대우 속에서 아무 말

도 하지 못하고 살아왔다는 사실을 깨달았습니다.

"죽어 가는 저들을 살리자. 근로 기준법을 몰랐던 우리는 바보였다."

경제 성장의 빛과 어둠, 다락방 속의 노동자

전태일은 1948년에 대구에서 2남 2녀 중 장남으로 태어났습니다. 아버지의 연이은 사업 실패로 집안 형편이 어려워지자, 가족의 생계를 책임지기 위해 어릴 때부터 구두닦이, 신문 배달 등 돈이 되는 일이라면 닥치는 대로 했습니다. 하지만 살림살이는 좀처럼 나아지지 않았고, 결국 무일푼으로 서울에 올라와 열일곱 살에 청계천 평화시장에서 견습공으로 일하기 시작했습니다.

재단사가 된 후, 그는 어린 여공들의 열악한 노동 환경과 적은 임금에 시달리는 모습을 보고 안타까운 마음을 감출 수 없었습니다. 그래서 출퇴근 버스비를 아끼느라 굶은 채로 일하는 여공들에게 풀빵을 사서 나누어

주고는 했습니다.

정작 자신은 버스를 타지 못해 집까지 걸어가다 통행금지 시간을 어겨 파출소에서 밤을 보내기도 했지요. 그는 언제나 자신보다 주변 사람들을 먼저 살피는 따뜻한 마음을 지닌 청년이었습니다.

1960년대부터 우리나라 경제는 빠르게 성장했지만, 노동자들은 '산업 역군'이라

재단사로 일하던 시절의 전태일

는 미화된 이름 아래 너무나도 힘든 삶을 살아야 했습니다. 그 당시 봉제 공장은 교실의 삼분의 일도 채 되지 않는 좁은 방에 재봉틀과 작업대가 빼곡하게 들어차 있어서 제대로 오가는 것조차 힘들었습니다.

이곳에서 햇빛도 보지 못한 채 일하며 버는 돈은 한 달에 천 원 안팎에 불과했어요. 방세와 교통비를 내고 고향 집에 돈을 보내고 나면 일 원짜리 풀빵 하나도 사 먹기 힘들어 굶는 날이 많았습니다.

인간으로서 최소한의 요구

전태일은 자신과 뜻을 같이할 재단사 열 명을 모아 '바보회'를 결성했습니다. 이들은 공장 주인들이 근로 기준법을 지키도록 만들기 위해 함께 싸워 나갈 것을 다짐했습니다.

그는 노동법과 관련된 책을 사서 공부하며, 부당한 근로 환경을 개선하

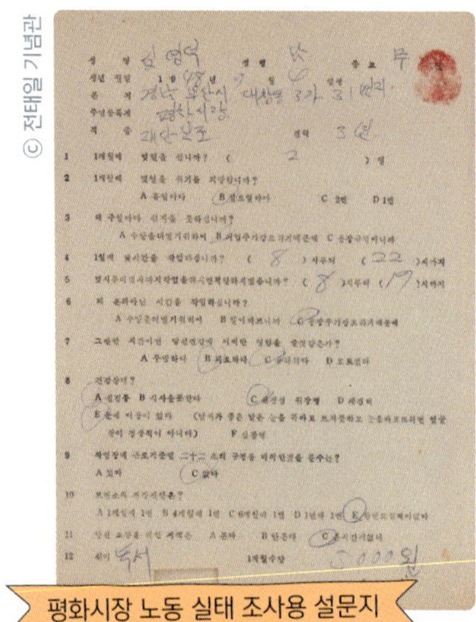

평화시장 노동 실태 조사용 설문지

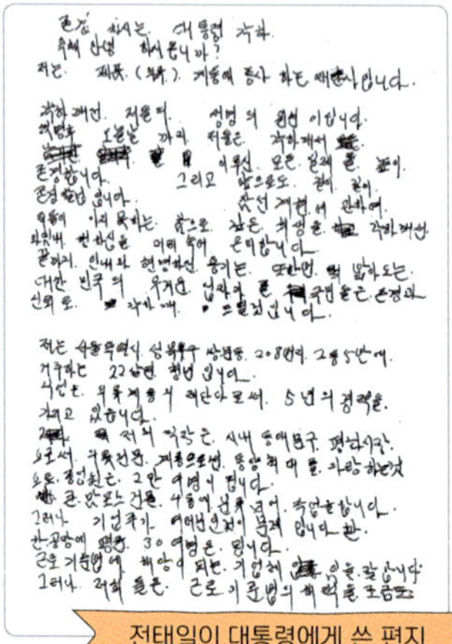

전태일이 대통령에게 쓴 편지

기 위해 무엇을 요구해야 하는지 알았습니다. 그러자 공장에서 그를 해고했습니다.

그 무렵 전태일은 아버지를 여의고 가족의 생계를 홀로 책임져야 하는 매우 절박한 상황이었지만, 그러한 고난 속에서도 정의를 실현하기 위해 신념을 굽히지 않고 부지런히 뛰어다녔습니다.

청계천 피복 공장 노동자들을 대상으로 노동 실태 설문지를 돌린 뒤, 그것을 모아 서울 시청과 노동청, 방송국 등을 찾아다니며 평화시장 노동자들의 비참한 현실을 알리기 위해 노력했습니다.

마침 〈경향신문〉의 사회부 기남도 기자가 그의 목소리에 귀를 기울여 '골방서 하루 16시간 노동'이라는 제목의 기사를 보도했습니다. 수출 주도의 경제 성장을 최우선으로 여기던 당시 사회 분위기 속에서 언론은 노동 문제 보도에 소극적이었지요. 그런데도 기남도 기자가 강력히 주장한 끝에 사회면 머리기사로 실리게 되었어요.

여기서 멈추지 않고 전태일은 노동자들의 열악한 작업 환경을 개선해 달라는 편지를 박정희 대통령에게 직접 쓰기도 했습니다.

1일 15시간의 작업 시간을 단축해 주십시오, 1일 10~12시간으로.

1개월 휴일 2일을 일요일마다 쉴 수 있도록 조정해 주십시오.

건강 진단을 정확하게 하여 주십시오.

시다공의 일당 70원 내지 100원을 50% 이상 인상해 주십시오.

절대로 무리한 요구가 아님을 맹세합니다.

인간으로서 최소한의 요구입니다.

눈물로 쓴 이 편지는 끝내 대통령에게 전달되지 못했습니다.

✦ 우리는 기계가 아니다!

1970년 11월 13일, 전태일은 청계천 앞에서 '근로 기준법 화형식'을 계획하며, 그저 형식에 불과한 근로 기

준법의 문제점을 알리려고 했습니다.

그러나 시위를 시작하기도 전에 경찰과 고용주의 방해로 무산될 위기에 처하자, 스스로 몸에 불을 붙이고 세상을 향해 이렇게 외쳤습니다.

"근로 기준법을 준수하라! 우리는 기계가 아니다! 노동자들을 혹사하지 말라. 나의 죽음을 헛되이 하지 말라!"

전신에 삼도 화상을 입은 전태일은 "어머니, 내가 못다 이룬 일을 어머니가 이뤄 주세요."라는 유언을 남기고 숨을 거두었습니다. 그 후 전태일의 어머니 이소선 여사와 평화시장 노동자들은 '청계 피복 노동조합'을 결성해 노동 운동과 민주화 운동에 앞장섰습니다.

그 덕분에 1980년까지 전국에서 약 이천오백 개의 노동조합이 만들어지면서 노동 운동이 더욱 활발하게 전개되었습니다. 그의 희생은 노동 운동의 불씨가 되어 더 나은 사회로 나아가기 위한 거름이 되었지요.

그때도 우리나라에는 노동자들을 보호하는 근로 기준법이 존재했습니다. 법이 있는데도 노동자들은 왜 권리를 제대로 보장받지 못했을까요?

© 한국관광공사 유니에스아이엔씨

전태일은 근로 기준법이 있다는 사실을 알고 공부하기 시작했지만, 법률에 한자가 너무 많아 내용을 제대로 이해할 수 없었습니다. 전태일은 '대학을 나왔더라면, 대학에 다니는 친구가 있었더라면……' 하고 수없이 한탄했다고 합니다. 이러한 이야기가 《전태일 평전》을 통해 알려지자 많은 사람들은 큰 충격을 받았지요.

민주주의 국가에서는 누구나 법률을 통해 자신의 권리를 보호받을 수 있다는 사실을 쉽게 알 수 있어야 하며, 어려움에 처했을 때 도움을 받을 수 있는 시스템이 마련되어야 합니다.

전태일이 꿈꾸던 세상은 부당한 대우를 받는 노동자들이 자기 목소리를 내고 정당한 권리를 보장받는 사회였습니다. 그가 떠나고 오랜 세월이 흘렀지만, 여전히 많은 노동자들이 안전한 작업 환경을 보장받지 못한 채 비정규직이라는 이름 아래 차별받고 있습니다.

우리의 작은 행동들이 모여 큰 변화를 만들 수 있습니다. 전태일의 외침이 그랬듯이, 지금 우리의 목소리도 더 정의롭고 평등한 사회를 만드는 소중한 씨앗이 될 수 있습니다.

여러분은 어떤 세상을 꿈꾸고 있나요?

▶ 더 나은 근로 환경을 위해, 노동 운동

스물두 살 청년 전태일이 스스로 몸에 불을 붙이며 외친 "우리는 기계가 아니다!"라는 이 구호는 한국 노동 운동의 상징이 되었습니다. 그의 죽음은 노동자들이 권리를 위해 투쟁하는 이유를 가장 극적으로 보여 주는 사건이었습니다.

노동 운동은 노동자가 열악한 근로 조건과 착취, 불평등에 맞서 권리를 쟁취하기 위해 집단적으로 행동하는 것을 의미합니다. 노동조합을 결성하거나 파업을 벌이는 것이 대표적인 형태지요.

노동자들은 인간다운 삶을 위해 임금 인상을 요구하고, 일하는 동안 다치거나 아프지 않도록 안전한 환경을 보장해 달라고 합니다. 그리고 이러한 요구를 효과적으로 전달하기 위해 노동조합이라는 조직을 만듭니다. 때로는 집단적으로 일을 멈추는 파업을 벌이기도 하지요.

가끔씩 급식실 조리 노동자들의 파업으로 도시락을 싸 오거나 빵과 우유를 점심으로 먹은 적이 있지요? 파업은 헌법이 보장하는 노동 삼권(단결권, 단체 교섭권, 단체 행동권) 중 하나입니다. 노동자들이 힘을 합쳐야만 사용자와 똑같은 위치에서 자신들의 권리를 주장할 수 있기에 파업을 선택하는 것이지요.

그러니까 조리 노동자들의 파업은 일하기 싫어서가 아니라 더 나은 노동 환경과 학생들에게 더 건강한 급식을 제공하기 위해 정당한 권리를 행사하는 것입니다. 잠시 불편함을 겪을 수 있지만 서로의 입장을 이해하고 존중하는 마음을 가져야 합니다.

▶ 박정희 정부의 경제 개발 5개년 계획

전태일이 살았던 1960년대는 박정희 정부가 5년 단위로 '경제 개발 5개년 계획'을 세워 경제가 빠르게 성장하던 시기였습니다. 나라 전체가 힘을 모아 도로를 건설하고 수출을 늘리면서 한국 경제가 엄청난 속도로 성장했습니다.

정부는 '잘살아 보세'라는 구호를 내걸어 국민들에게 희망을 주었고, 도시에는 공장들이 우후죽순으로 생겨났습니다. 특히 섬유, 봉제, 신발, 가발 등을 만드는 공장들이 서울 청계천과 을지로 일대에 집중되었지요.

1964년에는 한국의 수출액이 처음으로 1억 달러를 넘어섰습니다. 1억 달러라는 수출액은 그 당시 수십만 명의 근로자들이 일 년 내내 일을 해도 벌기 힘들 만큼 엄청난 금액이었습니다. 가난했던 우리나라가 세계 무역 시장에 존재감을 드러낼 만큼 역사적인 사건이었지요.

하지만 이렇게 눈부신 경제 성장 이면에는 어두운 현실이 있었습니다. 바로 노동자들의 열악한 근무 환경이었지요. 그 당시 공장 노동자들의 하루는 새벽 6시에 시작해 밤 10시가 넘어서야 끝나는 경우가 많았습니다.

하루 열여섯 시간씩 일하는 것이 당연하게 여겨졌고, 일요일에도 쉬지 못하는 경우가 대부분이었지요. 월급은 쌀 한 가마니도 사기 어려운 수준이었고, 제대로 된 식사나 휴식은 사치에 가까웠습니다.

지금도 우리 사회에는 여전히 부당한 대우를 받는 사람들이 있습니다. 이 즈음에서 사회의 정의와 약자의 권리를 지키는 일이 왜 중요한지, 다 같이 곰곰이 생각해 보는 건 어떨까요?

⠸ 일하는 청소년이 보호받을 권리

수많은 십 대 청소년들이 용돈을 벌고 싶기도 하고, 사회 경험도 쌓고 싶다는 생각에 일을 하고 싶어 하기도 해요. 청소년은 언제부터 일할 수 있을까요?

원칙적으로는 만 15세부터 일할 수 있습니다. 우리나라 근로 기준법에서는 15세 미만인 청소년과 중학교에 재학 중인 18세 미만의 청소년은 일할 수 없다고 규정하고 있어요. 그 이유는 청소년이 학업에 전념하고 건강하게 성장할 수 있도록 보호하기 위해서지요.

하지만 예외도 있어요. 13세 이상 15세 미만인 청소년이라도 고용노동부 장관이 발급한 '취직 인허증'을 받으면 일할 수 있습니다. 예술 공연에 참가하는 경우에는 13세 미만인 청소년도 취직 인허증을 받을 수 있다고 해요.

그런데 주의할 점이 있어요. 청소년은 사회 경험이 부족해서 잘 모른다고 생각해 법에서 규정해 놓은 것들을 지키지 않고 법으로 보호받아야 할 청소년의 노동권을 침해하는 경우도 있어요. 청소년에게도 노동권이 있냐고요?

청소년도 노동권에 있어서는 예외는 아닙니다. 아르바이트를 하는 청소년들 중에는 정당한 임금을 받지 못하거나, 위험한 일을 혼자 떠맡는 경우도 있습니다. '어려서 경험 삼아 하는 일'이라며 부당한 대우를 당연하게 여기는 경우가 적지 않지요.

하지만 청소년도 정당한 권리를 가진 엄연한 '노동자'입니다. 단지 나이가 어리다고 해서 부당한 대우를 받아야 할 이유는 전혀 없지요.

그래서 근로 기준법은 청소년 노동자를 위한 특별한 보호 규정을 마련해 두고 있습니다. 18세 미만의 청소년은 하루 7시간, 주 35시간 이상을 초과해서 일할 수 없고, 밤 10시부터 다음 날 아침 6시까지는 근무가 금지되어 있습니다. 또 위험한 업무는 시킬 수 없고, 임금도 성인과 마찬가지로 최저 임금 이상을 받을 권리가 있지요.

이러한 근로 기준법을 제대로 알고, 사용자가 부당한 요구를 했을 때 "이건 법으로 금지된 일이에요."라고 당당히 말하면서 자신의 정당한 권리를 지킬 수 있어야 합니다. 무엇보다 중요한 일은 전태일이 외쳤던 "우리는 기계가 아니다."라는 메시지를 잊지 않는 것입니다.

지금도 우리는 효율성과 생산성을 우선시하는 사회에서 살아가고 있습니다. 그럴수록 일하는 사람의 존엄성과 행복을 지키기 위해 노력하는 것이 중요합니다. 그것이 바로 전태일이 우리에게 남긴 가장 큰 유산이니까요.

민주주의를 위해
치열하게 투쟁한

젊음이란 하고 싶은 말을 할 수 있는 나이,
정의와 올바름을 위해 투쟁하고 싶다.

《중학교 역사 2》 13. 근현대 사회로의 전환 ｜ 《고등학교 한국사 2》 2. 대한민국의 발전

1987년 1월 14일, 서울대학교 언어학과에 재학 중이던 대학생 박종철이 경찰 조사 중에 사망하는 사건이 발생했습니다. 민주주의를 외쳤다는 이유만으로 스물세 살 꽃다운 나이의 대학생이 차디찬 남영동 대공분실 509호 조사실에서 온갖 폭행과 물고문을 당하다 목숨을 잃었지요.

전 국민을 경악하게 한 이 충격적인 사건에 대해 당시 경찰은 "책상을 탁! 치니 억! 하고 죽었다."라는 황당한 설명을 내놓았습니다. 고문으로 사망한 사실을 은폐하려고 한 것입니다.

이른바 '박종철 고문치사 사건'이 세상에 알려지면서, 1987년 봄부터 대학가에서는 시위가 이어졌습니다. 그 당시 연세대학교에 재학 중이던 이한열은 그를 추모하며 시를 써 내려갔습니다.

열불 나는 세상이 물속에 잠겼다

우리 아이가 익사했다

뜨거운 정열과 불타는 의지가 물속에 잠겼다

우리 아이는 대학 3학년

사람 사는 세상을 만들려다 그만

짐승의 발톱에 물려 죽었다

우리는 분노한다

이 시대의 인간임을 포기하고 싶다

– 이한열, 〈박종철〉

🌟 최루탄 가스로 얼룩진 저 하늘 위로

이한열은 어린 시절부터 주변 사람들에게 받은 사랑을 나눌 줄 아는 아이였습니다. 평소 남들이 꺼리는 일도 마다하지 않고 도맡았을 뿐 아니라, 공부와 운동 모두를 매우 성실히 했지요. 광주에서 학창 시절을 보내는 동안 배려심 깊은 친구이자 열심히 공부하는 모범생으로 알려졌습니다.

이한열이 중학생이던 무렵, 광주에서 그의 삶에 깊은 영향을 준 사건이 일어났습니다.

© (사)이한열기념사업회

1980년 5월, 전남대학교에 투입된 계엄군이 대학생들을 무차별적으로 구타하고, 민주화를 요구하는 시민들의 평화로운 시위를 무력으로 진압한 것입니다.

바로 '5·18 광주 민주화 운동'이었습니다. 그 당시 전두환 신군부와 계엄군은 민주주의를 외치는 광주의 시민과 학생들을 잔혹하게 탄압했습니다.

1986년, 연세대학교 경영학과에 입학한 이한열은 학교에서 5·18 광주 민주화 운동의 참혹한 영상과 사진을 보았습니다. 어린 시절 자신이 자란 동네에서 벌어진 비극의 진실을 마주한 그는 더 이상 침묵할 수 없었습니다. 무엇이든 할 수 있는 일을 해야겠다고 결심하고는 교내 집회에 참석하며 학생 운동에 뛰어들었습니다.

특히 1학년 2학기부터 '민족주의연구회'와 '만화사랑' 동아리 활동을 통해 자신의 신념을 행동으로 실천하면서, 전두환 정권에 맞서는 민주화 운동에 적극적으로 참여했습니다. 가족들이 걱정할 것을 잘 알았지만 독재 정권 아래 고통받는 나라를 바로잡기 위해 목소리를 내는 것이 자신의 사명이라고 여겼습니다.

모두가 정의를 바라면서도 두려움에 침묵하던 그 시기, 이한열은 불의한 현실을 외면하지 않고 거리로 나섰습니다.

보행로에 적힌 독재 규탄 문구

© 네이슨 벤, (사)이한열기념사업회

연세대학교 정문 앞 피격 직전

"나의 이름이 매울 '열(烈)'자라 그런지, 최루탄이랑 떼려야 뗄 수 없는 관계인가 보다."

최루탄 연기로 자욱한 거리 한복판에 서는 것을 운명처럼 받아들인 그는 '사람 사는 세상', '함께 사는 세상'을 꿈꾸며 이런 낙서를 남겼습니다.

"최루탄 가스로 얼룩진 저 하늘 위로 날아오르고 싶다."

몸살 기운으로 몸이 무거웠던 그날도 이한열은 시위 현장으로 향했습니다. 그리고 그날, 경찰이 쏜 최루탄에 머리를 맞고 쓰러졌습니다.

✨ 1987년, 민주주의의 봄

지금 우리가 당연하게 누리는 자유와 평등, 민주주의는 불과 몇십 년 전만 해도 간절한 꿈에 불과했습니다. 1987년은 그 꿈이 현실로 다가온 특별한 해였습니다. 수많은 시민과 민주 열사들의 피와 땀, 눈물로 쓰여진 역사의 전환점이었지요.

박종철 고문치사 사건 이후 전국 곳곳에서는 군사 독재에 맞서는 시위가 거세게 일어났습니다. 그 당시에는 대통령을 국민이 직접 뽑을 수 없었어요. 몇몇 국회의원들이 국민을 대신해서 뽑는 간접 선거 제도(간선제)가 시행되고 있었거든요. 많은 사람들은 국민이 대통령을 직접 뽑는 '직접 선거 제도(직선제)'를 강하게 요구했습니다.

하지만 1987년 4월 13일, 전두환 대통령은 이런 국민의 요구를 거절하고 간선제를 그대로 유지하겠다는 '4·13 호헌 조치'를 발표했습니다. 이는 국민의 뜻을 무시하고 권력을 계속 유지하겠다는 선언이었지요.

"호헌 철폐! 독재 타도!"

5월의 거리는 학생들의 목소리로 들끓었습니다. 5월 9일, 연세대학교 교수들은 떨리는 손으로 시국 선언문에 서명했고, 그들의 용기는 불씨가 되어 전국 대학으로 번졌습니다. 대학원생들과 학부생들이 차례로 동참했지요.

5월 15일, 연세대학교 노천극장에 모인 사천여 명 학생들의 눈빛 또한 달랐습니다. 한국의 미래를 위해 이제는 우리가 나서야 한다는 사명감으로 가득 차 있었거든요.

"지금 아니면 언제 목소리를 낼 수 있겠습니까!"

연세대학교 총학생회장의 외침에 학생들은 주먹을 불끈 쥐고 호응했습니다. 이들은 '호헌 철폐와 민주화 실천을 위한 특별 위원회'라는 깃발 아래 하나로 뭉쳤습니다.

민주화의 열망은 대학을 넘어 곧 사회 전체로 퍼져 나갔습니다. 5월 27일, 향린 교회 작은 예배실은 몰래 모인 사람들로 가득했습니다. 나이도, 성별도, 직업도 모두 달랐지만 그들은 '민주 헌법 쟁취 국민운동 본부(국본)'라는 이름 아래 하나가 되었습니다. 그들의 눈빛에는 두려움보다 결의가 더 강하게 빛났지요.

"6월 10일, 전국 동시다발 집회를 개최합니다."

이 대회를 하루 앞둔 1987년 6월 9일, '6·10 대회 출정을 위한 연세인 결의 대회'가 열렸습니다. 전국에 비상령이 내려진 가운데 감기 몸살을 앓던 이한열도 자리를 지켰습니다.

✦ 정의와 올바름을 위해 투쟁하다

교문을 사이에 두고 전경들과 시위대 사이에 충돌이 벌어졌고, '퍽!' 하는 둔탁한 소리와 함께 이한열이 쓰러졌습니다. 학생들이 달려가 그의 몸을 일으키자 머리에서 붉은 피가 흘러내렸습니다. 경찰이 쏜 직격 최루탄이 그의 머리를 강타한 것입니다.

이한열이 쓰러졌다는 소식은 순식

간에 전국으로 퍼졌습니다. 불과 몇 달 전에 일어난 박종철 고문치사 사건과 함께, 대낮 도심 한복판에서 아무 죄 없는 대학생이 경찰이 쏜 최루탄에 맞아 죽어 가고 있다는 사실은 전 국민의 분노에 불을 붙였습니다.

거리 곳곳에서는 "한열이를 살려 내라!"라는 외침이 울려 퍼졌습니다. 그의 희생은 6월 민주 항쟁의 불꽃이 되어 전국 방방곡곡으로 타올랐습니다.

결국 정부는 국민의 요구를 받아들여 대통령 직선제 개헌 등을 약속하는 '6·29 민주화 선언'을 발표했습니다. 수십 년간 이어진 희생과 투쟁 끝에 마침내 민주주의의 문이 열린 역사적인 순간이었습니다.

하지만 안타깝게도 이한열은 그 역사적인 승리의 순간을 보지 못하고 7월 5일에 끝내 세상을 떠났습니다. 그의 장례식은 7월 9일 연세대학교 대강당에서 거행되었고, 수십만 명의 시민들이 참여하여 그의 마지막 길을 지켰습니다.

ⓒ 서울역사박물관

© (사)이한열기념사업회

"한열아, 보아라! 우리는 싸운다! 우리는 승리한다!"

생전에 그는 "정의와 올바름을 위해 투쟁하다 문제가 생겨도 끝까지 감수하겠다."고 말하고는 했습니다.

그 말처럼, 이한열은 자신의 신념을 지키다 목숨을 잃었습니다. 이한열의 숭고한 희생은 대한민국 민주주의의 새로운 문을 여는 밑거름이 되었습니다.

지금 우리가 누리는 자유와 민주주의는 이한열을 비롯한 수많은 사람들의 용기와 헌신, 그리고 희생이 만들어 낸 결실입니다. 민주주의는 누군가가 대신 지켜 주는 것이 아니라, 우리 모두가 함께 지켜 나가야 할 소중한 가치라는 것을 꼭 기억해야 합니다.

▶ 민주주의를 향한 뜨거운 외침, 독재 타도

1987년 수많은 시민들이 거리에서 '호헌 철폐, 독재 타도!'를 외쳤습니다. 이 구호에는 그 당시 사람들의 민주주의를 향한 간절함과 열망이 담겨 있습니다.

여기서 '호헌'이란 '헌법을 지킨다'는 뜻으로, 그 당시 전두환 정부가 기존 헌법을 그대로 유지하겠다는 입장을 밝힌 것을 말합니다. 그 당시 국민들은 자신의 손으로 직접 지도자를 선택할 권리를 빼앗긴 상태였습니다. 호헌 철폐는 이러한 불공정한 헌법을 바꾸자는 의미였지요.

'독재 타도'는 민주적 절차 없이 권력을 독점하고 국민의 자유와 권리를 억압하는 독재 정치를 무너뜨리자는 뜻입니다. 그 당시 전두환 정부는 언론을 검열하고, 집회와 시위를 금지하며, 반대 세력을 탄압하는 등 독재적인 방식으로 국가를 통치하고 있었습니다. 사람들은 이러한 억압에서 벗어나 자유롭고 평등한 사회를 만들기 위해 "독재를 타도하자!"라고 외쳤던 것입니다.

1987년 거리에 울려 퍼진 이 구호들은 단순한 정치적 슬로건이 아닌, 정의로운 사회와 더 나은 미래를 바라는 국민들의 뜨거운 마음이 담겨 있었습니다. 이한열도 그중의 한 사람이었습니다.

이한열의 삶은 우리에게 중요한 진실을 일깨워 줍니다. 민주주의는 몇몇 특별한 영웅들이 만들어 가는 것이 아니라, 일상의 자리에서 '작은 영웅'이 된 시민들의 실천으로 지켜진다는 것을요. 지금 이 순간에도 작은 행동과 참여가 민주주의를 더욱 단단하게 만듭니다.

▶ 대한민국의 민주주의 역사

우리나라는 1948년에 대한민국 정부가 수립된 후에도 진정한 민주주의가 자리 잡기까지 수많은 시련을 겪었습니다. 1960년 부정 선거에 항의한 시민들과 학생들이 거리로 나서면서 4·19 혁명이 일어났고, 그 결과 이승만 독재 정권이 무너졌습니다. 국민들은 비로소 민주주의의 희망을 품게 되었지만, 그 꿈은 오래가지 못했습니다. 이듬해인 1961년, 박정희가 5·16 군사 정변을 일으켜 권력을 잡으면서 군사 정권이 들어섰거든요.

박정희 정권은 1972년 장기 집권을 위해 유신 헌법을 제정했는데요. 이 헌법은 대통령의 권한을 대폭 강화하고, '긴급 조치'를 통해 국민의 기본권을 제한하며, 사실상 독재 체제를 법적으로 뒷받침했습니다.

1979년 10월 26일, 박정희 대통령이 암살되면서 독재가 끝나는 듯했지만 그 기대는 또다시 꺾이고 말았습니다. 전두환이 이끄는 신군부가 같은 해 12·12 군사 쿠데타를 일으켜 실권을 장악한 것입니다.

그 이듬해 1980년 5월, 광주 시민들은 계속된 억압을 견디지 않고 민주화를 요구하며 시위에 나섰습니다. 신군부는 계엄령을 선포하고 군대를 동원해 무력으로 진압했지요. 그때 수없이 많은 무고한 시민들이 희생되는 비극이 벌어졌습니다. 이것이 바로 5·18 광주 민주화 운동입니다.

전두환 정부 시기에도 집회와 시위가 금지되면서 국민의 자유가 크게 억압받았습니다. 그러다 1987년, 전국적에서 6월 민주 항쟁이 일어났지요. 결국 정부는 시민들의 요구를 받아들여 대통령 직선제를 포함한 '6·29 민주화 선언'을 발표했습니다. 마침내 민주주의가 꽃을 피우게 된 것이지요.

⋮ 사회의 변화를 이끌어 내는 주역, 학생들

대한민국의 자유와 민주주의는 학생들이 앞장서서 만들어 낸 역사라고 해도 과언이 아닙니다. 1929년 광주에서는 중고등학생들이 조선인을 차별하는 일본인들에게 맞서는 일이 있었습니다. 이는 곧 전국으로 퍼져 일제의 식민 지배에 항거하는 대규모 저항 운동으로 발전했지요.

또, 1960년 4·19 혁명 당시에는 고등학생들이 부정 선거에 항의하며 시위에 나서 이승만 대통령의 하야를 이끌어 내는 데 중요한 역할을 했습니다. 1987년 6월에는 연세대학교 학생 이한열이 최루탄에 맞아 쓰러지면서 전국적으로 민주화 운동이 일어났는데, 이는 군사 독재 정권을 무너뜨리는 결정적인 계기가 되었습니다.

이처럼 우리 역사에서 학생들은 늘 사회 변화를 이끄는 주역이었습니다. 하지만 요즘 청소년들은 '정치는 어른들이 하는 일'이라고 생각하는 경우가 적지 않은 것 같습니다. 과연 정치가 어른들만의 일일까요?

사실 여러분이 다니는 학교의 급식 메뉴에서부터 교복 규정, 휴대폰 사용 규칙 등도 모두 정책의 영향을 받은 것입니다. 더 나아가 대학 입시 제도, 청소년 아르바이트 최저 임금, 사교육비 등 여러분의 삶에 직접적인 영향을 미치는 사안들도 정치와 밀접하게 연결되어 있지요.

청소년들이 자신의 권리와 삶에 관심을 갖고 적극적으로 목소리를 낼 때 더 나은 사회를 만들 수 있습니다. 여러분이 바로 민주주의를 완성하는 주인공이라는 사실을 잊지 마세요.

강대익(경남여고)	김지담(덕은한강중)	송재선(군포중)	이지은(강남중)
강미지(전주서중)	김지완(고촌중)	송채은(율전중)	이진아(비룡초)
강시내(옥빛고)	김현경(심원고)	송희은(태전중)	이창민(서연중)
강재연(난우중)	김현우(일산양일중)	신동민(수지고)	이창우(동탄중앙고)
경교선(동안고)	김효민(성신여중)	신용균(신흥고)	이혜진(숭덕초)
고병관(효원고)	김효중(다산고)	신지민(지축초)	이호산나(금곡중)
고창숙(홍천중)	민소영(연산초)	양보람(금광중)	임은진(서산중앙고)
권지원(송원중)	박미경(수원정보고)	염지연(석촌중)	장승한(포항예고)
김나영(도봉중)	박민아(한빛누리고)	유지민(포천중)	장정아(성룡초)
김만석(감정중)	박성완(순천동산중)	윤종철(원화중)	정경원(영복여고)
김미나(흥덕고)	박소라(광교중)	윤지선(문산동초)	정경희(한빛누리고)
김민규(소래초)	박아영(역곡고)	이강일(옥련여고)	정다해(대명중)
김병욱(문경여중)	박예정(모현중)	이경희(부천여중)	정실비아(한빛누리고)
김사라(구암중)	박정효(한빛누리고)	이민영(양화초)	정연안(한빛누리고)
김선우(부천북고)	박지수(매양중)	이상미(진부고)	정주연(남양고)
김소은(당현초)	박지애(수리고)	이선아(아현초)	조예린(초지중)
김수린(치동중)	박하은(고양초)	이성실(화수중)	조윤지(서현중)
김수림(철산중)	박혜민(성사중)	이성욱(청주고)	최석한(상계제일중)
김승현(능곡중)	박호윤(일동중)	이성호(용신중)	최용은(치악고)
김영선(수원외고)	배진희(숭덕초)	이윤정(선유고)	최지혜(상도중)
김영신(향동고)	배혜림(밀양고)	이은아(병점중)	최지혜(현화중)
김용혜(구덕고)	백선욱(도당고)	이정민(영덕고)	한송이(서정초)
김원배(장충중)	서민(신가초)	이주환(영통중)	허인선(천상중)
김인의(삼전초)	서지예(초연중)	이준하(광남중)	홍지현(한국삼육중)
김정모(하나고)	손윤정(한빛누리고)	이지연(화정고)	황지현(북가좌초)

십 대를 위한 역사 인문학

첫판 1쇄 펴낸날 2025년 8월 25일

지은이 손민정 송수연 송숙영 오혜민 이고은
펴낸이 박창희
편집 박은아   **디자인** 배한재
마케팅 박진호 한혜원   **회계** 양여진 김주연

펴낸곳 (주)라임
출판등록 2013년 8월 8일 제2013-000091호
주소 경기도 파주시 심학산로 10, 우편번호 10881
전화 031) 955-9020(주문), 031) 955-9021(편집)
팩스 031) 955-9022
이메일 lime@limebook.co.kr   **인스타그램** @lime_pub
홈페이지 www.prunsoop.co.kr